Peter Konzelmann

DIE BAUREIHE 41

EISENBAHN-KURIER

Titelbild	(1):	41 352 (Bw Köln-Eifeltor) führt Sonderzug des „Freundeskreis Eisenbahn Köln", bei Kall, April 1968 Foto: Gerhard Moll, Hilchenbach
Seite 8	(2):	41 061 der DR im April 1969 im Bw Helmstedt Foto: R. Schulz, Herford
Seite 103	(174):	41 001 (Bw Köln-Eifeltor) am 19. August 1966 in ihrem Heimat-Bw Foto: H. Vaupel, Frankfurt
Rückseite	(175):	042 164 (Bw Rheine) am 1. September 1964 als Zuglok des E 2238 in Norddeich Mole Foto: Dieter Kempf, Frankfurt

ISBN 3—88255—141—0

2. Auflage — Oktober 1977

Band 7 der Reihe „Deutsche Dampflokomotiven"

Eisenbahn-Kurier Verlag GmbH · Postfach 55 60 · 7800 Freiburg

Alle Rechte, auch des auszugsweisen Nachdrucks, vorbehalten

© Eisenbahn-Kurier Verlag GmbH 1977 · Printed in Germany

Satz: EK · Gesamtherstellung: Druckhaus Möller, Rendsburg

INHALT

Einführung 6

Entstehung und Typenbeschreibung 9

Lieferdaten, Erstzuteilung und Verbleib 19

Erste Betriebsergebnisse, Bauartänderungen und Umbauten 28

Der Betriebsmaschinendienst 39

Verteilung auf die Bahnbetriebswerke und Einsatz 44

BILDTEIL 103

EINFÜHRUNG

Vor Ihnen liegt ein weiterer Band aus der Schriftenreihe des Eisenbahn-Kuriers. Gegenstand der Darstellung ist weder ein berühmtes Rennpferd auf Deutschlands Schienensträngen wie die Baureihe 01/03 oder ein über ganz Europa verstreutes Arbeitstier wie etwa die P 8 oder G 10. Die Dampflok - Baureihe 41 war und ist nun einmal eine weniger ins Auge fallende Gattung, die gleichwohl dem Zeitgeschehen entsprechend oft mehr darstellen mußte, als man bei ihrer Schöpfung erwarten durfte. Bei ihr handelt es sich um die einzige Güterzuglokomotive auf deutschen Strecken, die sich über lange Jahre im planmäßigen Schnellzug- und sogar im F-Zug-Dienst abplagen mußte. Manchem von Ihnen, verehrte Leser, wird sich wohl irgendwann einmal eine 41 unvergeßlich eingeprägt haben, sei es vor einem lindwurmlangen Güterzug, in Ferienerwartung vor einem Bäderzug zu den ost- und nordfriesischen Inseln oder sei es auf dem Weg zur Ostseefähre nach Dänemark in Großenbrode.

Die Schrift kann und will nicht den Anspruch auf Vollständigkeit erheben, denn die Zerstörungen des Krieges, die Geheimniskrämerei bei der Deutschen Reichsbahn sowie die amerikanisch anmutende „Wegwerfpsychose" bei der Deutschen Bundesbahn schlagen tiefe Lücken in das Quellengut. Um so mehr Dank sei den Eisenbahnern und Eisenbahnfreunden, die uneigennützig auch für diese Dokumentation ihr Archiv geöffnet und ihre Fotos zur Verfügung gestellt haben. Sie alle tragen mit dem Gelingen dieser Schrift zur Erhaltung des EK-Museumszuges, seiner betriebsfähigen Vollbahnlokomotiven und zur Verwirklichung eines Dampfeisenbahnbetriebes im Zeitalter der Atomkraft bei.

Als Textquellen seien nicht vergessen:

DB, DV 93026, Beschreibung der 1'D 1' h2 Güterzuglokomotive, Betriebsgattung G 46.18/20, Reihe 41, Minden 1951
DR/DB, DV 939a, Merkbuch für Dampflokomotiven, Ausgaben 1940 und 1953 nebst Ergänzungen
E. Born, Die Regel-Dampflokomotiven der Deutschen Reichsbahn und der Deutschen Bundesbahn, Frankfurt 1953
Bundesarchiv Koblenz, ZuR 5, Bände 143, 158, 158a, 162
Th. Düring, Die Reichsbahn-Einheitslokomotiven für veränderlichen Achsdruck der BR 06, 45 und 41, Lok-Magazin Nr. 12 S. 6 ff; Nr. 15 S. 5 ff; Nr. 16 S. 20 ff

Heidesheim/Wuppertal im März 1975   **EISENBAHN-KURIER**
         P. Konzelmann

Verzeichnis der Bildautoren

Archiv AD	50
Sammlung G. Barths, Rheydt	3
H. Bay, Rodovre/DK	60, 142
R. Behrens, Wuppertal	137
C. Bellingrodt (+), Wuppertal	32, 39, 47, 57, 65, 68, 81, 92, 93, 97, 127
J.A. Bock, Arolsen	34, 84, 87, 101
W. Bügel, Wuppertal	11, 58, 111, 119, 169, 170
Sammlung S. Carstens, Norderstedt	152, 165
H. Claßen, Viersen	79, 106, 107
M.R. Delie, Antwerpen/B	29, 168 175
Deutsche Bundesbahn	15, 54, 85, 89, 90, 91, 99, 104
J. Ebel, Münster	145
H.-J. Eggerstedt, Heidrege	40
H.-J. Goldhorn, Berlin	164
R. Griesebach, Neumünster	52, 86
P. Große, Schwalbach/Ts.	33, 45
R. Gumbert, Frankfurt	35, 55
P. Hoger, Rheydt	51
G. Illner, Sammlung H. Claßen, Viersen	26, 141, 160, 161
H. Kempf, Frankfurt	1, 83
Ch. Klink, Langenholzen	43, 150
A. Knipping, Gröbenzell	153
E. Kollegger, Zürich/CH	41
P. Konzelmann, Heidesheim	13, 18, 19, 20, 22, 23, 24, 28, 30, 56, 63, 72-74, 78, 105, 117, 120, 126, 129, 130, 131, 135
Sammlung P. Konzelmann, Heidesheim	143
H. Kowalsky, Bergneustadt	102
Krauß-Maffei, Sammlung H. Hufschläger, Dachau	4, 5, 6
H. Krautzschick, Berlin	59, 144, 148, 155
Sammlung J. Lawrenz, Lübeck	12
W.D. Loos, Oer-Erkenschwick	37
P. Lösel, Rüdesheim/Rh.	36, 42
F. Lüdecke, Pöcking	95
R. Lüders, Hameln	133
Maschinenfabrik Eßlingen, Eßlingen	14
H. Menn, Siegen	69, 121
S. Meyer, Waltringhausen	94
G. Moll, Hilchenbach	113
Sammlung G. Moll, Hilchenbach	7, 8, 46
U. Montfort, Nürnberg	44, 48, 53, 70, 75, 77, 80, 82, 98, 122, 123
J. Munzar, Georgsmarienhütte	9, 25, 38, 108, 128, 157, 163, 171
Sammlung J. Munzar, Georgsmarienhütte	27, 139, 146, 147, 149, 151, 154, 156, 158, 159, 162, 166, 167
PKP-Pressebild, Sammlung Griebl	172
R. Potelicki, Bochum	100
R. van Putten, Vaassen/NL	17, 67
M. Quebe, Münster	21, 88

(Fortsetzung Seite 102)

ENTSTEHUNG UND TYPENBESCHREIBUNG

Das Bauprogramm der Deutschen Reichsbahn-Gesellschaft von 1925 hatte für den schweren Güterverkehr im Bergland die Baureihen 43 und 44 hervorgebracht. Als Baureihe 41 enthielt das Typisierungsprogramm eine 1'D-h 2-Lokomotive mit 20 t Achsdruck (vgl. Born, aaO). Da für den leichten und mittleren Güterverkehr zunächst noch die vorhandenen Länderbahnbaureihen ausreichten und die meisten Strecken für den Achsdruck von 20 t nicht ausgebaut waren, kam das G 45.20-Projekt nicht zur Ausführung. Erst die gesteigerten Verkehrsbedürfnisse im Zuge des fortschreitenden Streckenbaus machten den Entwurf neuer Einheitslokomotiven erforderlich. Hierbei war eine Straffung der Fahrzeiten auch im Güterverkehr unter Ausnutzung größerer Zuglasten das Gebot der Fahrzeugneubeschaffung. Aus diesen betrieblichen Anforderungen entstanden ab 1934 als Sonderentwicklungen die Entwürfe für die späteren Baureihen 06, 41 und 45.

Die Baureihe 41 war für die schnelle Beförderung mittelschwerer Güterzüge im Flachland und zur Verwendung im Reisezugdienst auf Mittelgebirgsstrecken gedacht. Die geforderte Mehrzweckverwendung sollte in der Höchstgeschwindigkeit von 90 km/h Ausdruck finden. Ein fest umrissenes Leistungsprogramm engte den Entwurfsspielraum allerdings nicht ein. Die Achslast war auf 18 t begrenzt, da die meisten Flachlandstrecken noch nicht auf einen höheren als 17 bis 18 t tragenden Achsdruck hergerichtet waren. Um die Vorteile der höheren Reibungskraft bei 20 t Achsdruck mit den betrieblichen Beschränkungen bei nicht ausgebauten Strecken in Einklang zu bringen, schlug der Baudezernent des Reichsbahn-Zentralamtes, Dr.-Ing. h.c. Wagner, dem Lok-Ausschuß vor, die BR 41 ebenso wie die anderen Sonderentwicklungen 06 und 45 als 20 t-Maschinen zu bauen. In ihren Hauptabmessungen sollten die Lokomotiven jedoch auf 18 t Kuppelachsdruck umstellbar sein. Durch diese konstruktionelle Forderung konnte die universelle Verwendbarkeit der Lokomotive unter Umgehung einer zweispurigen Typisierung wie bei den Baureihen 01 und 03 erzielt werden. Ferner wurde in Anlehnung an bereits vorhandene Einheitsbaureihen die weitgehende Übernahme und Austauschbarkeit normierter Bauteile angestrebt.

Das Reichsbahn-Zentralamt in Berlin beauftragte die größeren deutschen Lokomotivbauanstalten mit der Ausarbeitung von Entwürfen für eine schnellfahrende leichte Güterzuglokomotive. Von Henschel, Schwartzkopff, Schichau und Krauß-Maffei wurden Vorschläge zum Bau von 1'D-h 2-Lokomotiven unterbreitet, von Schwartzkopff zusätzlich ein Entwurf zur 1'D1'-h 2 (vgl. Düring, Lok-Magazin 16, S. 20).

Da naturgemäß auf einer 1'D1'-Maschine ein in seinen Hauptabmessungen reichlicher bemessener und leistungsfähigerer Kessel als auf einer 1'D untergebracht werden kann und die Anordnung der Schleppachse bei höheren Geschwindigkeiten bessere Laufruhe versprach, entschied sich die Hauptverwaltung der Deutschen Reichsbahn-Gesellschaft für den 1'D1'-Entwurf der Firma Schwartzkopff und gab die Lokomotive in zwei Exemplaren mit einem in Anlehnung an die BR 03 entworfenen Kessel bei der Entwicklungsfirma in Auftrag. Die beiden Vorauslokomotiven kamen 1936 zur Anlieferung und nach Erprobung durch das Reichsbahn-Zentralamt bei dem Bahnbetriebswerk Schneidemühl Pbf 1937 zum Einsatz. Ihre Dauerleistung betrug 1900 PSi. Die weiteren Daten sind dem abgedruckten Auszug der DV 939a (Merkbuch für Dampflokomotiven) zu entnehmen:

1	2	3	4	5	6	7
Lfd Nr	Baureihe / Bauart	Abk	Dim	41[1]) Einheitslok 1925	41[2]) Einheitslok 1925	41[2])[3]) Einheitslok 1925
1	Abgekürzte Bezeichnung	—	—	1' D 1' h 2	1' D 1' h 2	1' D 1' h 2
2	Betriebsnummer ab	—	—	41001	41...	41...
	Trieb- und Laufwerk:					
3	Fahrgeschwindigkeit vw/rw	V	km/h	90/50	90/50	90/50
4	Zylinderdurchmesser	d	mm	520	520	520
5	Kolbenhub	s	mm	720	720	720
6	Treib- u Kuppelraddurchmesser	D	mm	1600	1600	1600
7	Laufraddurchmesser, vorn	D_v	mm	1000	1000	1000
	Laufraddurchmesser, hinten	D_h	mm	1250	1250	1250
	Steuerung:					
8	Art und Lage	—	—	Ha	Ha	Ha
9	Kolbenschieberdurchmesser	d_S	mm	300	300	300
	Kessel:					
10	Kesselüberdruck	p_K	kg/cm²	16	16	16
11	Wasserraum des Kessels	W_K	m³	9,08	10,25	10,25
12	Dampfraum des Kessels	D_K	m³	3,22	4,28	4,28
13	Verdampfungswasseroberfläche	O_W	m²	13,12	13,30	13,30
14	Feuerrauminhalt von Feuerbüchse u Verbrennungskammer	$F_{Fb}+F_{Vk}$	m³	6,110	8,250[4])	8,860[4])
15	Länge der Verbrennungskammer	l_{Vk}	mm	—	1427	1427
16	Größter Kesselnenndurchmesser	d_K	mm	1700	1716/1864[5])	1716/1864[5])
17	Kesselleergew, ohne Ausrüstung	G_{Klo}	t	22,7	—	—
18	Kesselleergew, mit Ausrüstung	G_{Klm}	t	29,7	—	—
	Rohre:					
19	Anzahl der Heizrohre	n_{Hr}	Stck	85	80	80
20	Heizrohrdurchmesser	d_{Hr}	mm	70×2,5	54×2,5	54×2,5
21	Anzahl der Rauchrohre	n_{Rr}	Stck	20	42	42
22	Rauchrohrdurchmesser	d_{Rr}	mm	171×4,5	143×4,25	143×4,25
23	Rohrlänge zw den Rohrwänden	l_r	mm	6800	5200	5200
24	Überhitzerrohrdurchmesser	$d_{Ür}$	mm	30×3,5	38×4	38×4
	Rost:					
25	Rostfläche	R	m²	3,89	3,87	—
26	Länge × Breite	R_{lb}	m × m	2,542×1,532	2,475×1,566	—
	Heizflächen:					
27	Strahlungsheizfläche = Feuerbüchs-+Verbrennungskammer-Heizfläche = $H_{Fb} + H_{Vk}$	H_{vs}	m²	15,90	21,22	21,22
28	Rauchrohrheizfläche	H_{Rr}	m²	69,22	92,28	92,28
29	Heizrohrfläche	H_{Hr}	m²	118,03	64,04	64,04
30	Rohrheizfläche = $H_{Rr} + H_{Hr}$	H_{vb}	m²	187,25	156,32	156,32
31	Verdampfungsheizfläche $H_v = H_{vs} + H_{vb} = H_{Fb} + H_{Vk} + H_{Rr} + H_{Hr}$	H_v	m²	203,15	177,54	177,54
32	Überhitzerheizfläche	$H_ü$	m²	72,22	95,77	95,77
33	Heizflächen-Verhältn = $H_{vb}:H_{vs}$	φH	—	11,78	7,37	7,37
34	Strahlungsflächenverhältnis $\varphi S = H_{vs}:R$	φS	—	4,09	5,48	5,48

[1]) Kuppelachslast wahlweise 18 oder 20 t.   [2]) Mit vollständig geschweißtem Kessel.   [3]) Mit Ölfeuerung.   [4]) Einschließlich Feuerkasten.   [5]) Größter Innendurchmesser des zylindrischen und konischen Kesselschusses.

	2	3	4	5	6	7
	Baureihe			41[1])	41[2])	41[2])[3])
	Bauart	Abk	Dim	Einheitslok 1925	Einheitslok 1925	Einheitslok 1925
5	Überhitzerheizfläche je t Dampf	Hü:D	m²/t	6,24	7,19	7,19
6	Feuerrauminhalt v Feuerbüchse u Verbrennungskammer :Rostfläche = (F$_{Fb}$ + F$_{Vk}$):R		m³/m²	1,57	2,13	—
	Achsstände:					
7	fester Achsstand	a$_f$	mm	3 700	3 700	3 700
8	gesamter Achsstand	a$_g$	mm	12 050	12 050	12 050
9	gesamter Achsstand v L + T	a$_{(L+T)g}$	mm	19 100 | 20 175	20 175	20 175
0	Länge der Lok	l$_L$	mm	15 100	15 100	15 100
1	Länge über Puffer (L + T)	LüP	mm	23 200 | 23 905	23 905[7])	23 905[11])
	Gewichte:			[6]) [7])		
2	Lokleergewicht	G$_{Ll}$	t	92,6 92,6	93,2	93,1
3	Lokreibungsgewicht	G$_{Lr}$	t	{70,0 / 78,0} {70,0 / 70,0}	74,5	74,3
4	Lokdienstgewicht	G$_{Ld}$		101,9 101,9	101,5	101,3
5	Leergewicht v L + T	G$_{(L+T)l}$	t	121,1 122,8	123,4	124,7
6	Fahrzeuggesamtgewicht v L + T mit vollen Vorräten	G$_{(L+T)v}$	t	170,4 176,1	175,7[7])	177,5[11])
7	Fahrzeugdienstgewicht v L + T mit ²/₃ Vorräten	G$_{(L+T)d}$	t	157,1 161,4	161,0	162,6
8	Metergewicht G$_{(L+T)v}$:LüP	q	t/m	7,34 7,37	7,35[7])	7,43[11])
9	Achslast: 1. Achse	2 Q	t	15,4[8]) 11,2[9]) ⟵120⟶	13,5 ⟵120⟶	13,5 ⟵120⟶
	2. Achse	2 Q	t	17,6 19,7 ⟵15⟶	17,1 ⟵15⟶	17,1 ⟵15⟶
	3. Achse	2 Q	t	17,6 19,7	17,1	17,4
	4. Achse	2 Q	t	17,5 19,3 15 O	20,1 15 O	19,9 15 O
	5. Achse	2 Q	t	17,3 19,3	20,2	19,9
	6. Achse	2 Q	t	16,5 12,7 ⟵6⟶	13,5 ⟵62⟶	13,5 ⟵62⟶
	7. Achse	2 Q	t	—	—	—
	8. Achse	2 Q	t	—	—	—
0	Lokdienstgewicht: ind Leistung	G$_{Ld}$:N$_i$	kg/PS	53,6	52,3	51,3
1	Verdampfungsheizfl: Lokdgew	H$_v$:G$_{Ld}$	m²/t	1,99	1,75	1,75
2	Wasserkasteninhalt	W	m³	[30] [32] [34]	[34]	[34]
3	Kohlenkasteninhalt	B	t[m³]	[10]	[10]	[12][10])
4	Indizierte Leistung	N$_i$	PS	V 1900	V 1940	V 1975
5	Indizierte Zugkraft (bei 0,8 p$_K$)	Z$_i$	kg	19 470	15 580	15 580
6	Befahrb Bogenlaufhalbmesser	R	m	140	140	140
7	Befahrb Ablaufberghalbmesser		m	300	300	300
8	Vorwärmer			OV	MV	MV
9	Heizung			Hrv	Hrv	Hrv
0	Läutewerk					
1	Bremse			K mit Z 1934	K mit Z Umbau 1957	K mit Z Umbau 1958
2	1. Baujahr					
3	Erster Beschaffungspreis		Mark	204 900		
4	Urheberfirma			Schwartzkopff	Kessel: Henschel u MF Eßlingen	Kessel: Henschel u MF Eßlingen
5	Zeichnung			Fld 1.01 Bl 055	Fld 2.010 Bl 024	Fld 2.010 Bl 024

Mit Tender 2' 2 T 30. [7]) **Mit Tender 2' 2' T 34.** [8]) Bei 18 t Kuppelachslast. [9]) Bei 20 t Kuppelachslast. [10]) Ölvorrat (m³). [11]) Mit Tender 2' 2' T 34 mit Ölbehälter.

11

LEISTUN

km/h		20	30	40	50	60	70	80	90			
Steigung		Wagengewicht in t (**D-, F- u Eilzug**) *)										
0	1:∞	—	—	—	—	—	—	—	1015			
1⁰/₀₀	1:1000	—	—	—	—	—	—	980	765			
2⁰/₀₀	1:500	—	—	—	—	—	975	765	600			
3⁰/₀₀	1:333	—	—	—	—	995	785	620	485			
4⁰/₀₀	1:250	—	—	—	1070	825	650	515	400			
5⁰/₀₀	1:200	—	—	—	910	700	550	435	335			
6⁰/₀₀	1:166	—	—	1030	785	600	475	370	285			
7⁰/₀₀	1:140	—	—	900	685	525	410	320	240			
8⁰/₀₀	1:125	—	1060	800	605	460	360	275	205			
10⁰/₀₀	1:100	930	860	645	485	365	280	210	155			
14⁰/₀₀	1:70	655	610	450	330	240	175	125	—			
20⁰/₀₀	1:50	435	395	285	200	135	—	—	—			
25⁰/₀₀	1:40	325	300	200	130	—	—	—	—			

Einheitslokomotive, Baureihe 41

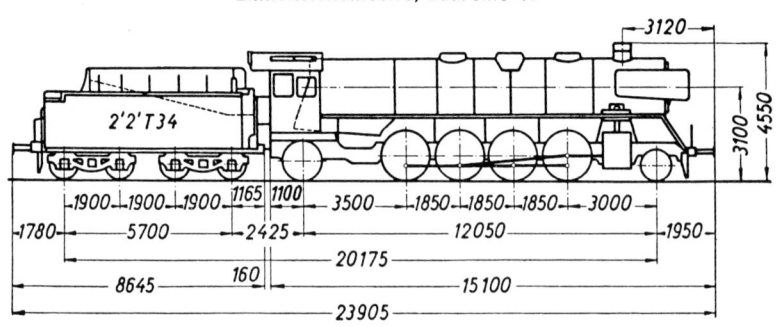

km/h		25	30	35	40	45	50	55	60	70	80	90	
Steigung		Wagengewicht in t (**Personenzug**) *)											
0	1:∞	—	—	—	—	—	—	—	—	—	1010	750	
1⁰/₀₀	1:1000	—	—	—	—	—	—	—	—	1055	800	605	
2⁰/₀₀	1:500	—	—	—	—	—	—	—	1115	850	650	495	
3⁰/₀₀	1:333	—	—	—	—	—	—	1060	920	705	545	415	
4⁰/₀₀	1:250	—	—	—	—	—	1025	890	770	595	460	355	
5⁰/₀₀	1:200	—	—	—	—	1005	875	760	660	510	395	305	
6⁰/₀₀	1:166	—	—	—	1005	875	760	660	575	445	345	265	
7⁰/₀₀	1:140	—	—	1025	885	770	665	580	500	390	300	230	
8⁰/₀₀	1:125	—	1050	910	785	680	590	515	445	345	265	200	
10⁰/₀₀	1:100	895	855	740	635	550	475	410	355	270	205	150	
14⁰/₀₀	1:70	635	605	520	445	380	325	275	235	175	125	—	
20⁰/₀₀	1:50	420	400	340	285	235	195	165	135	—	—	—	
25⁰/₀₀	1:40	315	300	245	205	165	135	105	—	—	—	—	

*) Gilt für $P_K = 16$ atü und 18 und 20 t Kuppelachsdruck.

km/h		25	30	35	40	45	50	55	60	65	70	80	90
Steigung		Wagengewicht in t (**Eilgüterzug**) *)											
0	1:∞	—	—	—	—	—	—	2050	1730	1470	1255	920	675
1°/₀₀	1:1000	—	—	—	—	—	1830	1555	1330	1145	990	740	555
2°/₀₀	1:500	—	—	—	1970	1680	1445	1240	1065	925	805	610	460
3°/₀₀	1:333	—	—	1860	1600	1370	1185	1020	880	770	675	440	390
4°/₀₀	1:250	1895	1800	1565	1340	1150	995	860	745	650	575	380	335
5°/₀₀	1:200	1615	1540	1330	1145	985	855	740	640	560	495	330	290
6°/₀₀	1:166	1400	1335	1150	995	860	745	645	560	490	430	290	250
7°/₀₀	1:140	1235	1175	1015	875	755	655	565	490	430	375	255	220
8°/₀₀	1:125	1095	1050	905	780	670	580	500	435	380	335	200	190
10°/₀₀	1:100	890	855	735	630	545	470	405	350	305	265	170	145
14°/₀₀	1:70	635	605	520	440	375	320	275	230	200	170	—	—
20°/₀₀	1:50	420	400	335	280	235	195	160	130	110	—	—	—
25°/₀₀	1:40	310	295	245	200	165	130	105	—	—	—	—	—

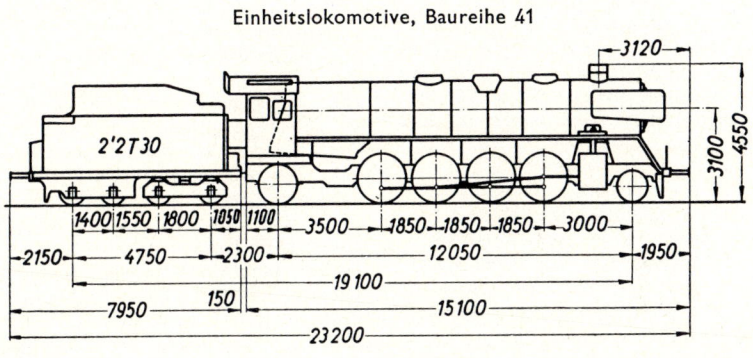

Einheitslokomotive, Baureihe 41

km/h		25	30	35	40	45	50	55	60	65	70	80	90
Steigung		Wagengewicht in t (**Güterzug**) *)											
0	1:∞	—	—	—	—	—	2275	1890	1580	1330	1130	815	595
1°/₀₀	1:1000	—	—	—	—	2050	1725	1455	1235	1055	905	670	495
2°/₀₀	1:500	—	—	2240	1905	1615	1375	1175	1000	865	750	560	420
3°/₀₀	1:333	—	2130	1875	1555	1330	1135	975	840	725	630	475	360
4°/₀₀	1:250	1875	1780	1520	1305	1120	960	830	715	620	540	410	310
5°/₀₀	1:200	1600	1520	1300	1120	965	830	715	615	540	470	355	270
6°/₀₀	1:166	1390	1325	1135	975	840	725	625	540	470	410	310	235
7°/₀₀	1:140	1225	1165	1000	860	740	640	550	475	415	360	275	205
8°/₀₀	1:125	1090	1040	890	770	660	570	490	420	370	320	240	180
10°/₀₀	1:100	885	850	725	625	535	460	395	340	295	255	190	140
14°/₀₀	1:70	630	600	515	435	370	315	270	230	195	165	120	—
20°/₀₀	1:50	420	400	335	280	235	195	160	130	105	—	—	—
25°/₀₀	1:40	310	295	245	200	165	130	105	—	—	—	—	—

*) Gilt für P_K = 16 atü und 18 und 20 t Kuppelachsdruck.

a) KESSEL:

Im Bestreben, bei der Baureihe 41 weitgehend auf vorhandene, bewährte Bauteile zurückzugreifen, wurde bei der neuen Güterzuglokomotive ein der BR 03 weitgehend entsprechender und in seinen Abmessungen praktisch unveränderter Kessel verwandt. Im Gegensatz zur 03 wurde ein Kessel-Betriebsdruck von 20 atü gewählt. Nach dem damaligen Stand der Wissenschaft versprach man sich von dem gegenüber anderen Baureihen erhöhten Betriebsdruck einen verbesserten Kesselwirkungsgrad, eine Erwartung, die sich bei späteren Vergleichsfahrten jedoch nicht bestätigen sollte. Anders als bei der 03 mußte aus Gewichtsersparnisgründen bei 20 atü Kesseldruck St 47 K als Stahl höherer Festigkeit verwandt und die Stehbolzenfeldeinteilung geändert werden. Die höhere Wärmewirtschaftlichkeit des 20 atü-Kessels hat sich im Hinblick zu den größeren baulichen Aufwendungen nicht bewährt, ganz zu schweigen von den später bei allen mit St 47 K ausgerüsteten Lokomotiven (BR 01.10, 03.10, 06, 45, 50) aufgetretenen Alterungserscheinungen.

Der Langkessel besteht aus zwei mit Nietverbindungen aneinandergesetzten Schüssen von je 16,5 mm Dicke und je einem aufgesetzten Dom. Er hat im vorderen Teil einen lichten Durchmesser von 1700 mm. Die Kesselmitte liegt 3100 mm über Schienenoberkante. Am Boden des vorderen Kesselschusses befinden sich eine, am hinteren zwei Befestigungsplatten für die Pendelbleche. Der vordere Dom enthält den Speisewasserreiniger, im hinteren ist der Naßdampfventilregler Bauart Schmidt & Wagner untergebracht.

Der Stehkessel ist aus einem Mantelteil gefertigt und im Scheitel zylindrisch dem Langkessel angepaßt. Seine Seitenwände gehen senkrecht nach unten. Die Dicke des Mantels und der Stehkesselvorderwand beträgt 19 mm, die der Rückwand 16 mm. Die Stehkesselseitenbeanspruchung übernehmen oberhalb der Feuerbüchse 15 in zwei Reihen angeordnete, ursprünglich in aufgesetzte Untersätze eingreifende Queranker aus 42 mm dicken Rundeisen, welche bei Ersatz gewindelos eingeschweißt wurden. Deckenanker und zwei sichelförmige Bleche versteifen den Stehkesselscheitel.

Die im Stehkessel herausnehmbar angeordnete Feuerbüchse besteht bei den Vorausloks aus K 35, bei den Serienmaschinen aus IZ II-Stahl. Ihre leicht eingezogenen Seitenwände lassen einen sich stetig nach oben erweiternden Wasserraum entstehen, der in Verbindung mit den stark abgerundeten Ecken der Feuerbüchse das Abströmen der Dampfblasen erleichtert. An der Feuerbüchse sind Mantel 10 mm, Rückwand 12 mm, Rohrwand im Rohrfeld 15 mm und im unteren Teil 10 mm stark. Die Rohre sind in die Rückwand eingewalzt und durch Schweißraupen abgedichtet. Die Verbindung mit dem Stehkessel bilden ein 90 mm hoher Bodenring mit einer Breite zwischen 90 und 120 mm, Decken-, Bügel- und Bodenanker, sowie die teils festen, teils beweglichen Decken- und Seitenstehbolzen. Die bei der Fertigung eingebauten Aufdornstehbolzen mit Gewinde wurden später durch gewindelose, die Gelenkstehbolzen mit aufgeschraubter Kugelkopfmutter durch solche mit aufgeschmiedeten Kugelköpfen ersetzt. Die Feuerbüchse ist im Verhältnis 1:32,13 nach hinten geneigt, so daß sie bei Talfahrt auf steilen Strecken auch bei niedrigstem Wasserstand von Wasser bedeckt bleibt. Die feuerberührte Gesamtheizfläche beträgt 15,9 qm. Die Rostfläche mißt bei 1,532 m Breite und 2,54 m Länge 3,9 qm. Der aus vier Feldern bestehende Rost ist nach vorne im Verhältnis 1:7,86 geneigt. Das dritte Rostfeld von vorn ist durch eine auf der Heizerseite im Führerhaus befindliche Spindel um 60° nach unten kippbar. Die Feuerrückstände können durch die Kippöffnung bequem in den zwischen letztem Kuppelradsatz und Schleppachse befindlichen Aschkasten gestoßen werden.

Abweichend von der BR 03 wurde der Aschkasten mit seitlichen Luftfangtaschen zur Verbesserung der Luftzufuhr ausgeführt. Da am Aschkasten während des Betriebs Mängel durch Verziehung der Bodenklappen auftraten, wurden die Aschkästen bei der Deutschen Bundesbahn durch solche der Bauart Stühren ersetzt und die Luftzuführung zum Rost durch Einführung von unter dem Bodenring verlaufenden Seitenluftklappen verbessert.

Der Langkessel ist nach vorne durch die 26 mm dicke Rauchkammerrohrwand abgeschlossen. Der Abstand zwischen vorderer und hinterer Rohrwand beträgt 6,8 m. Dazwischen sind 85 Heizrohre von 70 x 2,5 mm und 20 Rauchrohre von 171 x 4,5 mm Durchmesser eingebaut, die zusammen eine Rohrheizfläche von 187,50 qm ergeben (Gesamtheizfläche 275,62 qm; Verdampfungsheizfläche 203,4 qm). Der Überhitzer (ursprünglich Bauart Wagner, später ersetzt durch Bauart Schmidt) besitzt mit 20 Einheiten von je 6 Rohren mit 30 x 3 mm Durchmesser eine Überhitzerheizfläche von 72,22 qm.

Die Rauchkammer ist 2564 mm lang und hat einen äußeren Durchmesser von 1872 mm. Ihr unterer Teil ist zum Schutz gegen Ausglühen und Rostansatz mit Zement ausgegossen und mit Blechen verkleidet. In einer waagerechten Quernische vor dem Schornstein ist der Speisewasser-Oberflächenvorwärmer Bauart Knorr untergebracht. Der mit einem Durchmesser zwischen 510 und 590 mm weit bemessene Schornstein ist 520 mm tief in die Rauchkammer eingelassen. In der Rauchkammer befinden sich ferner an pendelnd aufgehängte, zweiteilig nach beiden Seiten aufklappbare Funkenfänger, die Flugaschnäßvorrichtung sowie das Blasrohr mit 154 mm Durchmesser.

Den Kessel speisen eine Knorrpumpe KT 1 und eine saugende Strahlpumpe von je 250 l/min Speiseleistung. Der Speisewasservorwärmer hatte bei den ersten Lokomotiven 9,16 qm Heizfläche, bei den ab 1940 vergebenen Maschinen 10,45 qm mit vierfachem Wasserumlauf. Insgesamt 30 Waschluken sind zur Reinigung des Kessels vorhanden. An der tiefsten Stelle des Kessels, der Stehkesselvorderwand, liegt das Gestra-Abschlammventil (bei 41 001/002 ursprünglich Bauart Strube). Auf dem Stehkesselmantel sind zwei Ackermann-Sicherheitsventile befestigt. Neben der obligatorischen Dampfpfeife ist ein Teil der Lokomotiven mit Läutewerk versehen.

b) RAHMEN:

Wie alle größeren Dampflokomotivbaureihen der DRG besitzt die BR 41 einen Barrenrahmen mit lichtem Abstand beider Wangen von 1000 mm bei jeweiliger Wangendicke von 100 mm, jedoch mit Rücksicht auf die Seitenverschieblichkeit der Schleppachse hinter dem letzten Kuppelradsatz auf 40 mm eingezogen. Durch seine niedrige Bauhöhe ist die gute Zugänglichkeit der Lokomotive gewährleistet.

Mit Ausnahme der Achsgabelstege sind alle mit dem Rahmen verbundenen Teile austauschbar. Der als ganzes auswechselbare Pufferträger versteift als vordere Querverbindung die Rahmenwangen. Nach hinten folgt die geschweißte Zylinderverbindung, die sich nach oben in den Rauchkammerträger fortsetzt und unten den Zapfen für das Krauß-Helmholtz-Lenkgestell trägt. Ein Ausschnitt über dem Laufrad ermöglicht das Durchschwenken des Radsatzes. Zwischen den vier Kuppelradsätzen befinden sich senkrechte Querversteifungen, über denen die Pendelbleche zwischen Rahmen und Langkessel untergebracht sind. Die Versteifung vor und hinter dem Stehkessel übernehmen zwei gleichzeitig als Stehkesselträger ausgebildete vollständig geschweißte Querverbindungen. Die nach hinten abschließende Versteifung bildet der Zugkasten aus Stahlguß. Die Längsversteifung übernimmt ein an der Rahmenoberkante von Rauchkammerträger bis Stehkessel verlaufendes Blech.

c) LAUF- UND TRIEBWERK:

Die Lokomotive ist auf dem Laufwerk in 4 Punkten abgestützt. Die beiden ersten Abstützpunkte sind die für jede Seite getrennt ausgebildeten Lastausgleichssysteme der vorderen Laufachse mit den beiden vorderen Kuppelachsen; die beiden anderen liegen entsprechend der hinteren Kuppelachsen und der Schleppachse. Geführt wird die Lokomotive durch ein Krauß-Helmholtz-Lenkgestell mit 3 m Achsstand. Der Drehzapfen liegt 1350 mm vor der ersten Kuppelachse. Der Kuppelachsstand beträgt 1850 mm bei 1600 mm Kuppelachsdurchmesser. Die Schleppachse liegt zur besseren Anordnung des Aschkastens 3500 mm hinter dem letzten Kuppelradsatz. Der Gesamtachsstand beträgt 12050 mm. Der Antrieb erfolgt auf die dritte Kuppelachse, deren Spurkränze des besseren Bogenlaufs wegen um 15 mm geschwächt sind. Der vordere Laufradsatz hat 1000 mm Durchmesser. Er bildet zusammen mit dem ersten Kuppelradsatz das Krauß-Helmholtz-Gestell. Zwei Blattfedern am Drehzapfen und eine Rückstellfeder besorgen die Führung der Laufachse. Die Seitenverschieblichkeit des Lenkgestells mißt am Drehzapfen 62 mm; vorne hat es einen Ausschlag von 122 mm, hinten von 15 mm. Der Durchmesser der Schleppachse ist 1250 mm. Sie ist in einem Bisselgestell gelagert, welches einen Ausschlag bis zu 65 mm gestattet. Die Führung der Achse wird durch eine Wickelfeder erreicht, die sich gegen den Rahmen abstützt. Krauß-Helmholtz- und Bissel-Gestell sind identisch mit denen der BR 45. Die Lokomotive ist in der Lage, Gleisbögen bis zu 140 m Halbmesser und Weichen von 1 : 7,5 anstandslos zu durchfahren.

Ursprünglich waren alle Achswellen zur Gewichtsersparnis und Prüfung des Baustoffes in ihrer ganzen Länge durchbohrt. Der Durchmesser der Bohrung betrug bei den Kuppelachsen 78 mm, bei der Schleppachse 70 mm und bei der Laufachse 50 mm. Die Bohrungen waren durch herausziehbare Buchsen geschützt. Bei späterem Ersatz sind die Bohrungen entfallen. Durch die Gegengewichte sind die Fliehkräfte der hin- und hergehenden Massen in lotrechter Richtung auf 15% der ruhenden Achsdrücke begrenzt.

Die beiden Zylinder arbeiten mit einfacher Dampfdehnung. Der Durchmesser der Zylinderbohrung beträgt 520 mm, der Kolbenhub 720 mm. Beide Zylinder sind völlig gleich, so daß für beide Lokomotivseiten nur ein Modell benötigt wird. Im übrigen waren sie austauschbar mit den Außenzylindern der BR 06 und 45. Der Frischdampf strömt den Mitten der Schieberkästen zu. Die Druckausgleichkolbenschieber (Bauarten Nicolai bzw. Karl Schulz; später bei der DB ersetzt durch die federlose Bauart Müller) haben den Einheitsdurchmesser von 300 mm. Die ursprüngliche Ausrüstung der Zylinder mit Sicherheitsventilen fiel fort.

Die beiden Vorauslokomotiven 41 001/002 hatten noch Heusinger-Steuerung mit Kuhnscher Schleife; die Serienlokomotiven wurden mit Führung der Schieberschubstange an ihrem hinteren Ende durch Hängeisen am Aufwerfhebel der Umsteuerwelle ausgerüstet. Die Steuerung läßt Füllungen von 81,5 % für Vorwärts- und 72% für Rückwärtsfahrt zu. Bei Vorwärtsfahrt eilt die rechte Kurbel der Treibachse der linken um 90° voraus.

Die Treibachslager sind Obergethmannlager mit unter Achsmitte liegenden Hilfsbacken. Mit Ausnahme der vorderen Treibstangenlager sind alle Lager der vor Kriegsbeginn gelieferten Lokomotiven mit WM 80 ausgegossen gewesen. Infolge der kriegsbedingten Materialverknappung wurden die Lagerausgüsse durch WM 10 ersetzt. Nach dem Kriege erfolgte die Wiederumstellung auf WM 80.

Wie bereits eingangs erwähnt wurde, ist der Kuppelachsdruck der BR 41 veränderlich zwischen 18 und 20 t und zwar durch Umstecken der Gelenkbolzen vom vorderen ins hintere Auge der Ausgleichshebel oder umgekehrt. Das Umstecken bewirkt durch Veränderung der Ausgleichshebeldrehpunkte und der Hebellängen eine Verminderung oder Erhöhung der Kuppelachslast. Die Augen der Gelenkbolzen liegen vorne in Höhe der Zylinder; hinten sind sie an der Deichsel zur Schleppachse deutlich erkennbar. Ein genauer Betrachter kann die jeweilige Einstellung des Kuppelachsdrucks einwandfrei feststellen und — zumindest bei der DB — oftmals bemerken, daß die Achslast einer Lokomotive rein willkürlich verschieden eingestellt ist, was natürlich nicht Sinn dieser Einrichtung sein sollte.

LIEFERDATEN, ERSTZUTEILUNG UND VERBLEIB

Die Vorauslokomotiven 41 001/002 gingen 1936 in den Bestand der DRG über. Sie wurden eingehenden Erprobungen bei der Versuchsanstalt Berlin-Grunewald unterzogen und 1937 dem Bw Schneidemühl Pbf zugewiesen. Bei den Versuchsfahrten hatten sich einige „Kinderkrankheiten" gezeigt, denen bei Bestellung der Großserie Rechnung getragen wurde. So weicht die Regelbauart in einigen Bauteilen, von denen bereits die Rede war, von der Ursprungskonstruktion ab. Ab Januar 1939 kamen von den Lieferfirmen Henschel, Borsig, Schwartzkopff, Krupp, Schichau, Krauß-Maffei, Jung, Orenstein & Koppel und Maschinenfabrik Eßlingen insgesamt 364 weitere Lokomotiven zur Auslieferung, als letzte die 41 352 im Juni 1941 von der Maschinenfabrik Eßlingen. Weitere Lokomotiven waren bestellt; der Auftrag wurde jedoch infolge der Kriegsentwicklung storniert. Das Beschaffungsprogramm hatte vorgesehen: für 1941 = 160 Lok, für 1942 = 100 Lok, für 1943 = 110 Lok.

Am 30.6.1939 befanden sich 139 Lok Baureihe 41 im Erhaltungsbestand, die sich auf die einzelnen Ausbesserungswerke wie folgt verteilten:

Braunschweig	11
Brandenburg West	25
Meiningen	50
Zwickau	23
Göttingen	11
Schwerte	16
Eßlingen	3

Im Juni 1941 war die BR 41 in bereits 337 Exemplaren den nachstehenden RAW zugewiesen:

Braunschweig	47
Brandenburg West	56
Chemnitz	61
München-Freimann	59
Frankfurt-Nied	26
Schwerte	69
Eßlingen	19

Der Erwähnung bedarf noch das — allerdings nicht realisierte — Vorhaben der DRB im Fahrzeugprogramm von 1938, 5 Lokomotiven der Baureihe 41 mit Kohlenstaubfeuerung zu beschaffen.

Soweit zuverlässige Angaben zu beschaffen waren, sind in den Tabellen Fabriknummern, Lieferdaten und Verbleib der 366 Lokomotiven BR 41 wiedergegeben.

HERSTELLER UND BAUJAHR/FABRIKNUMMER

41 001-002	Schwarzkopff	1936	10398-10399
003-052	Henschel	1938/1939	24305-24354
053-055	Borsig	1939	14773-14775
056	Borsig	1939	14778
057	Borsig	1939	14780
058	Borsig	1939	14779
059	Borsig	1939	14781
060	Borsig	1939	14782
061	Borsig	1939	14776
062-066	Borsig	1939	14783-14787
067	Borsig	1939	14789
068	Borsig	1939	14788
069	Borsig	1939	14791
070	Borsig	1939	14790
071-081	Borsig	1939	14792-14802
082	Borsig	1939	14809
083-113	Krupp	1939	1905-1935
114-136	Schwartzkopff	1939	11053-11075
137-153	Schichau	1939	3343-3359
154-171	Krauß-Maffei	1939	15701-15718
172-178	Jung	1939	8361-8367
179-185	Orenstein & Koppel	1939	13172-13177
186-192	Masch. Eßlingen	1939	4357-4363
193-228	Henschel	1940	24760-24795
229	Borsig	1939	14810
230	Borsig	1939	14811
231	Borsig	1939	14812
232	Borsig	1939	14777
233	Borsig	1939	14808
234	Borsig	1939	14813
235-271	Borsig	1939/1940	14814-14850
272-291	Schichau	1939	3360-3379
292-310	Jung	1939	8681-8699
311-324	Orenstein & Koppel	1939	13270-13283
325-336	Masch. Eßlingen	1939	4370-4381
337-352	Masch. Eßlingen	1941	4423-4438
353-366	Jung	1940	9311-9324

1 = Abnahme, 2 = erste RBD, 3 = erstes Bw, 4 = letzte BD/RBD, 5 = letztes Bw, 6 = Verbleib

	1	2	3	4	5	6
41 001	15.03.37	Osten	Schneidemühl Pbf	Köln	Köln-Eifeltor	+ 12.03.68
002	22.01.37	Osten	Schneidemühl Pbf	Hamburg	Flensburg	+ 22.05.67
003	05.01.39	München	Treuchtlingen	Magdeburg	Magdeburg	i.D.
004	01.39	München	Treuchtlingen	Magdeburg	Stendal	+
005	21.01.39	München	Treuchtlingen	Magdeburg	Stendal	i.D.
006	28.01.39	München	Treuchtlingen	Hannover	Bremerhaven-Lehe	+ 05.07.67
007	06.02.39	München	Treuchtlingen	Frankfurt	Limburg	+ 04.03.67
008	13.02.39	München	München-Ost	Schwerin	Schwerin	Z 23.04.69 +
009	.02.39	München	München-Ost	Magdeburg	Stendal	i.D.
010	08.03.39	München	München-Ost	Köln	Köln-Eifeltor	+ 12.03.68
011	08.03.39	München	München-Ost	Münster	Rheine	+ 24.02.67
012	27.03.39	München	München-Ost	Münster	Emden	+ 03.12.69
013	27.03.39	München	München-Ost	Grefswald	Neubrandenburg	i.D.
014	31.03.39	Kassel	Göttingen Pbf	Essen	Paderborn	+ 10.07.69
015	17.04.39	Kassel	Göttingen Pbf	Münster	Rheine	+ 12.03.68
016	24.04.39	Kassel	Göttingen Pbf	Frankfurt	Limburg	+ 05.07.67
017	29.04.39	Kassel	Göttingen Pbf	Münster	Emden	+ 03.12.69
018	07.06.39	Hannover	Lehrte	Hannover	Rheine	+ 28.09.76
019	09.06.39	Hannover	Lehrte	Hamburg	Flensburg	+ 03.03.69
020	12.06.39	Hannover	Lehrte	Hannover	Bremen Rbf	+ 19.09.69
021	15.06.39	Hannover	Lehrte	Münster	Rheine	+ 11.12.68
022	.06.39	Hannover	Lehrte	Greifswald	Neubrandenburg	Z
023	21.06.39	Hannover	Lehrte	Münster	Rheine	+ 21.05.68
024	23.06.39	Hannover	Wesermünde-Geest.	Hannover	Rheine	+ 24.02.77
025	24.06.39	Hannover	Wesermünde-Geest.	Erfurt	Meiningen	i.D.
026	26.06.39	Hannover	Wesermünde-Geest.	Hamburg	Hamburg-Rothenburgsort	+ 2.10.68
027	27.06.39	Hannover	Wesermünde-Geest.	Essen	Hamm	+ 19.08.66
028	28.06.39	Hannover	Wesermünde-Geest.	Hannover	Hameln	+ 27.11.70
029	30.06.39	Hannover	Lehrte	Hamburg	Flensburg	+ 25.04.68
030	03.07.39	München	München-Ost			PKP Ot 1-2
031	04.07.39	München	München-Ost	Kassel	Kassel	+ 01.09.65
032	06.07.39	München	München-Ost	Münster	Rheine	+ 02.10.68
033	08.07.39	München	Ingolstadt	Magdeburg	Stendal	i.D.
034	.07.39	München	Ingolstadt			PKP
035	12.07.39	München	Ingolstadt	Erfurt	Erfurt	i.D.
036	14.07.39	München	Ingolstadt	Erfurt	Sangerhausen	i.D.
037	19.07.39	München	Ingolstadt	Hannover	Lehrte	+ 11.12.68
038	.07.39	München	Ingolstadt	Magdeburg	Oebisfelde	i.D.
039	24.07.39	München	Ingolstadt	Hannover	Löhne	+ 03.06.65
040	19.07.39	Mainz	Oberlahnstein	Münster	Rheine	+ 15.12.66
041	20.07.39	Mainz	Oberlahnstein	Hannover	Löhne	+ 22.05.67
042	26.07.39	Mainz	Oberlahnstein	Hamburg	Flensburg	+ 21.6.68
043	27.07.39	Mainz	Oberlahnstein	Hamburg	Flensburg	+ 03.06.65
044	28.07.39	Mainz	Oberlahnstein	Hannover	Hannover Hgbf	+ 22.11.66
045	29.07.39	Mainz	Oberlahnstein	Essen	Wanne-Eickel	+ 20.06.66
046	01.08.39	Hamburg	Hbg-Rothenburgsort	Essen	Wanne-Eickel	+ 22.11.66
047	03.08.39	Hamburg	Hbg-Rothenburgsort	Frankfurt	Limburg	+ 14.11.67
048	04.08.39	Hamburg	Hbg-Altona	Münster	Kirchweyhe	+ 24.02.67
049	05.08.39	Hamburg	Hamburg-Harburg	Essen	Paderborn	+ 03.03.69
050	08.08.39	Hamburg	Hamburg-Harburg	Hamburg	Flensburg	+ 05.07.67

051	10.08.39	Hamburg	Hamburg-Harburg	Hannover	Bremerhaven-Lehe	+ 03.03.69	
052	25.08.39	Hamburg	Hamburg-Harburg	Hannover	Rheine	i.D.	
053	06.04.39	Regensburg	Weiden	Magdeburg	Magdeburg	i.D.	
054	26.04.39	Regensburg	Weiden	Erfurt	Saalfeld	i.D.	
055	.39	Regensburg	Weiden	Magdeburg	Oebisfelde	i.D.	
056	08.05.39	Regensburg	Weiden	Köln	Köln-Deutzerfeld	+ 06.01.66	
057	.39	Regensburg	Weiden	Erfurt	Saalfeld	i.D.	
058	.39	Regensburg	Weiden	Hannover	Bielefeld	+ 20.06.66	
059	31.03.39	Regensburg	Weiden	Hamburg	Flensburg	+ 27.09.66	
060	06.04.39	Regensburg	Weiden	Köln	Köln-Eifeltor	+ 10.07.69	
061	26.04.39	Erfurt	Erfurt P	Greifswald	Neubrandenburg	i.D.	
062	29.04.39	Erfurt	Erfurt P	Greifswald	Neubrandenburg	i.D.	
063	10.05.39	Erfurt	Erfurt P	Hamburg	Flensburg	+ 22.05.67	
064	16.05.39	Erfurt	Erfurt P	Erfurt	Erfurt	Z 26.01.71 +	
065	.05.39	Erfurt	Erfurt P	Greifswald	Neustrelitz	+	
066	25.05.39	Erfurt	Erfurt P	Greifswald	Neubrandenburg	i.D.	
067	03.06.39	Erfurt	Saalfeld	Erfurt	Saalfeld	i.D.	
068	.06.39	Erfurt	Saalfeld	Greifswald	Neubrandenburg	+	
069	10.06.39	Erfurt	Erfurt P	Münster	Emden	+ 27.11.70	
070	13.06.39	Erfurt	Saalfeld	Schwerin	Wittenberge	i.D.	
071	17.06.39	Erfurt	Saalfeld	Erfurt	Erfurt	Z 71	
072	23.06.39	Erfurt	Erfurt P	Hannover	Uelzen	+ 02.06.71	
073	04.07.39	Erfurt	Erfurt P	Hannover	Rheine	+ 24.02.77	
074	.07.39	Berlin	Bln-Tempelhof Vbf	Magdeburg	Oebisfelde	i.D.	
075	06.07.39	Berlin	Bln-Tempelhof Vbf	Greifswald	Neustrelitz	+	
076	19.07.39	Berlin	Bln-Tempelhof Vbf			PKP ?	
077	24.07.39	Berlin	Bln-Tempelhof Vbf			Verbleib unbekannt	
078	19.07.39	Berlin	Bln-Tempelhof Vbf	Erfurt	Saalfeld	i.D.	
079	29.07.39	Berlin	Seddin	Magdeburg	Oebisfelde	i.D.	
080	01.08.39	Berlin	Seddin	Magdeburg	Stendal	+	
081	19.08.39	Berlin	Seddin			PKP ?	
082	09.08.39	Berlin	Seddin			PKP ?	
083	17.05.39	Essen	Hamm	Hannover	Rheine	+ 22.12.76	
084	23.05.39	Essen	Hamm	Hamburg	Flensburg	+ 20.06.66	
085	25.05.39	Essen	Hamm	Hamburg	Flensburg084	+ 10.03.65	
086	26.05.39	Essen	Hamm	Hannover	Bremehaven-Lehe	+ 11.12.68	
087	30.05.39	Essen	Hamm	Essen	Hamm	+ 14.11.67	
088	12.06.39	Essen	Hamm	Hannover	Braunschweig	+ 02.10.68	
089	03.06.39	Essen	Hamm	Hamburg	Flensburg	+ 22.05.77	
090	03.06.39	Essen	Hamm	Hamburg	Flensburg	+ 20.06.66	
091	07.06.39	Essen	Hamm	Kassel	Kassel	+ 03.12.69	
092	09.06.39	Essen	Hamm	Hannover	Löhne	+ 27.09.66	
093	14.06.39	Essen	Hamm	Hannover	Löhne	+ 27.09.66	
094	16.06.39	Köln	Koblenz-Mosel	Wuppertal	Siegen	+ 20.09.48	
095	17.06.39	Köln	Koblenz-Mosel	Hannover	Rheine	+ 22.09.76	
096	21.06.39	Köln	Koblenz-Mosel	Hannover	Rheine	i.D.	
097	17.08.39	Köln	Koblenz-Mosel	Hannover	Rheine	+ 22.12.76	
098	27.06.39	Köln	Koblenz-Mosel	Hamburg	Flensburg	+ 20.06.66	
099	.06.39	Köln	Koblenz-Mosel	Magdeburg	Stendal	i.D.	
100	01.07.39	Köln	Koblenz-Mosel	Hannover	Hannover Hgbf	+ 22.05.67	
101	05.07.39	Köln	Koblenz-Mosel	Köln	Köln-Eifeltor	+ 03.12.69	
102	.07.39	Köln	Koblenz-Mosel	Schwerin	Rostock	+ 30.11.53	
103	.07.39	Köln	Koblenz-Mosel	Magdeburg	Halberstadt	i.D.	
104	03.08.39	Wuppertal	Wuppertal-Vohw.	Kassel	Marburg	+ 20.09.48	

Nr.	Datum	Bw	von	nach		Bemerkung
105	05.08.39	Wuppertal	Wuppertal-Vohw.	Hannover	Rheine	verk. 3.11.76
106	05.08.39	Wuppertal	Wuppertal-Vohw.	Hannover	Rheine	+ 22.12.76
107	11.08.39	Wuppertal	Wuppertal-Vohw.	Münster	Kirchweyhe	+ 12.03.68
108	17.08.39	Wuppertal	Wuppertal-Vohw.	Kassel	Kassel	+ 01.09.65
109	29.07.39	Wuppertal	Wuppertal-Vohw.	Frankfurt	Limburg	+ 22.05.67
110	01.08.39	Wuppertal	Wuppertal-Vohw.	Hannover	Löhne	+ 21.06.68
111	16.08.39	Wuppertal	Wuppertal-Vohw.	Münster	Rheine	+ 12.03.68
112	07.09.39	Wuppertal	Wuppertal-Vohw.	Kassel	Kassel	+ 14.11.67
113	20.09.39	Wuppertal	Wuppertal-Vohw.	Hannover	Rheine	i.D.
114	04.04.39	Halle	Falkenberg	Essen	Wanne-Eickel	+ 24.02.67
115	04.04.39	Halle	Falkenberg	Erfurt	Saalfeld	i.D.
116	21.04.39	Halle	Falkenberg	Kassel	Kassel	+ 12.03.68
117	13.04.39	Halle	Falkenberg	Magdeburg	Halberstadt	i.D.
118	13.04.39	Halle	Falkenberg	Magdeburg	Magdeburg	i.D.
119	17.04.39	Halle	Falkenberg	Magdeburg	Stendal	i.D.
120	19.04.39	Halle	Falkenberg	Greifswald	Neubrandenburg	i.D.
121	24.04.39	Halle	Falkenberg			PKP ?
122	27.04.39	Halle	Falkenberg	Erfurt	Meiningen	i.D.
123	27.04.39	Halle	Falkenberg	Magdeburg	Stendal	i.D.
124	04.05.39	Halle	Halle			PKP ?
125	05.05.39	Halle	Halle	Erfurt	Meiningen	i.D.
126	06.05.39	Halle	Halle	Erfurt	Saalfeld	Heizlok Eisenach
127	13.05.39	Halle	Halle	Magdeburg	Stendal	i.D.
128	15.05.39	Halle	Falkenberg	Greifswald	Neubrandenburg	i.D.
129	17.05.39	Halle	Falkenberg	Magdeburg	Magdeburg	i.D.
130	22.05.39	Halle	Falkenberg	Erfurt	Erfurt	i.D.
131	24.05.39	Halle	Halle	Magdeburg	Magdeburg	i.D.
132	26.05.39	Halle	Halle	Magdeburg	Magdeburg	i.D.
133	03.06.39	Halle	Halle			PKP ?
134	03.06.39	Halle	Halle	Greifswald	Neubrandenburg	i.D.
135	20.06.39	Halle	Engelsdorf	Münster	Emden	+ 03.12.69
136	21.06.39	Halle	Engelsdorf	Erfurt	Sangershausen	i.D.
137	.03.39	Osten	Schnedemühl Vbf	Magdeburg	Oebisfelde	i.D.
138	.03.39	Osten	Schneidemühl Vbf	Magdeburg	Stendal	i.D.
139	30.03.39	Osten	Schneidemühl Vbf	Frankfurt	Limburg	+ 27.09.66
140	.04.39	Osten	Schneidemühl Vbf	Magdeburg	Halberstadt	Z .74
141	29.04.39	Osten	Schneidemühl Vbf	Greifswald	Neubrandenburg	i.D.
142	24.04.39	Osten	Schneidemühl Vbf	Kassel	Kassel	+ 11.12.68
143	28.04.39	Osten	Schneidemühl Vbf	Erfurt	Meiningen	Heizlok Vacha
144	09.05.39	Osten	Schneidemühl Vbf	Erfurt	Meiningen	HeizlokSangerhausen
145	12.05.39	Osten	Schneidemühl Vbf	Hannover	Rheine	+ 21.02.77
146	19.05.39	Osten	Schneidemühl Vbf	Hamburg	Flensburg	+ 12.03.68
147	.05.39	Stettin	Stettin Gbf	Greifswald	Neubrandenburg	i.D.
148	22.05.39	Stettin	Stettin Gbf	Magdeburg	Magdeburg	i.D.
149	.39	Stettin	Stettin Gbf			PKP ?
150	.39	Stettin	Stettin Gbf	Erfurt	Meiningen	i.D.
151	.39	Stettin	Stettin Gbf	Dresden	Dresden-Altstadt	+ 25.01.53
152	.39	Stettin	Stargard	Schwerin	Wittenberge	i.D.
153	.39	Stettin	Stargard			CSD-Verbl.unbek.
154	14.03.39	Nürnbg.	Bamberg	Magdeburg	Magdeburg	i.D.
155	11.03.39	Nürnbg.	Bamberg	Erfurt	Saalfeld	i.D.

156	05.04.39	Nürnbg. Bamberg	Frankfurt	Limburg	+ 14.11.68
157	19.04.39	Nürnbg. Bamberg	Köln	Köln-Deutzerfeld	+ 06.01.66
158	20.04.39	Nürnbg. Bamberg	Hamburg	Flensburg	+ 22.11.66
159	03.05.39	Nürnbg. Bamberg	Magdeburg	Oebisfelde	i.D.
160	11.05.39	Nürnbg. Bamberg	Frankfurt	Limburg	+ 01.09.65
161	10.05.39	Nürnbg. Bamberg	Magdeburg	Magdeburg	i.D.
162	19.05.39	Nürnbg.Bamberg	Magdeburg	Stendal	i.D.
163	24.05.39	Nürnbg. Bamberg	Münster	Rheine	+ 11.12.68
164	06.06.39	Nürnbg. Aschaffenburg	Hannover	Rheine	+ 22.12.75
165	15.06.39	Nürnbg. Aschaffenburg			PKP ?
166	05.06.39	Nürnbg. Aschaffenburg	Hannover	Rheine	+ 21.08.75
167	17.06.39	Nürnbg. Aschaffenburg	Hamburg	Hbg-Rothenburgsort	+ 02.10.68
168	21.06.39	Nürnbg. Aschaffenburg	Hannover	Rheine	+ 22.12.76
169	27.06.39	Nürnbg. Aschaffenburg	Münster	Rheine	+ 03.12.69
170	15.07.39	Nürnbg. Aschaffenburg			PKP ?
171	07.07.39	Nürnbg. Aschaffenburg	Schwerin	Güstow	i.D.
172	.03.39	Ffm. Hanau	Hannover	Löhne	+ 22.11.66
173	10.03.39	Ffm. Hanau	Hannover	Bremerhaven-Lehe	+ 21.06.68
174	14.04.39	Ffm. Hanau	Essen	Wedau	+ 10.07.69
175	01.04.39	Ffm. Hanau	Hannover	Rheine	+ 28.09.76
176	11.04.39	Ffm. Hanau	Hannover	Hannover Hgbf	+ 06.01.66
177	29.04.39	Ffm. Hanau	Hannover	Löhne	+ 02.10.68
178	06.05.39	Ffm. Hanau	Köln	Köln-Eifeltor	+ 03.03.69
179	22.04.39	Breslau Mochbern			PKP ?
180	05.05.39	Breslau Mochbern	Magdeburg	Stendal	i.D.
181	.05.39	Breslau Mochbern			PKP ?
182	.39	Breslau Mochbern	Greifswald	Neubrandenburg	i.D.
183	.39	Breslau Mochbern			PKP ?
184	.39	Breslau Mochbern	Greifswald	Neubrandenburg	+ .73
185	10.07.39	Breslau Mochbern	Erfurt	Meiningen	i.D.
186	02.06.39	Stgt. Stuttgart	Hannover	Rheine	i.D.
187	07.06.39	Stgt. Stuttgart	Hannover	Hannover Hgbf	+ 05.07.67
188	28.06.39	Stgt. Stuttgart	Erfurt	Saalfeld	+
189	12.07.39	Stgt. Stuttgart	Erfurt	Saalfeld	i.D.
190	25.07.39	Stgt. Stuttgart	Hannover	Löhne	+ 03.03.69
191	07.08.39	Stgt. Stuttgart	Münster	Rheine	+ 11.12.68
192	10.08.39	Stgt. Stuttgart	Münster	Emden	+ 10.07.69
193	17.02.40	Kassel Kassel	Hannover	Braunschweig	+ 22.11.66
194	19.02.40	Kassel Kassel	Hannover	Hannover Hgbf	+ 03.06.65
195	24.02.40	Kassel Kassel	Essen	Soest	+ 19.11.45
196	12.03.40	Kassel Kassel	Hannover	Bielefeld	+ 20.06.66
197	15.03.40	Kassel Kassel	Essen	Wanne-Eickel	+ 12.03.68
198	17.03.40	Hambg. Hamburg-Harburg	Hannover	Hannover Hgbf	+ 06.01.66
199	18.03.40	Hambg. Hmb.-Rothenb.	Münster	Rheine	+ 21.06.68
200	20.03.40	Hambg. Hbg·Rothenburgsort	Erfurt	Meiningen	i.D.
201	03.04.40	Hambg. Hamburg-Harburg			PKP ?
202	06.04.40	Hambg. Hamburg-Harburg	Hannover	Rheine	+ 22.12.76
203	.04.40	Essen Hamm	Wuppertal	?	+ 10.05.46
204	17.04.40	Essen Hamm	Kassel	Kassel	+ 14.11.67
205	18.04.40	Essen Hamm	Hannover	Hannover Hgbf	+ 22.11.66
206	20.04.40	Essen Hamm	Hannover	Rheine	+ 20.05.77
207	24.04.40	Essen Hamm	Frankfurt	Limburg	+ 14.11.67
208	26.04.40	Münster Osnabrück Hbf	Hannover	Braunschweig	+ 05.07.67
209	06.05.40	Münster Osnabrück Hbf	Hannover	Hannover Hgbf	+ 03.06.65

210	08.05.40	Münster	Osnabrück Hbf	Hannover	Rheine	+	21.02.77
211	11.05.40	Münster	Osnabrück Hbf	Hannover	Braunschweig	+	20.06.66
212	16.05.40	Münster	Osnabrück Hbf	Hannover	Uelzen	+	27.11.70
213	17.05.40	Münster	Osnabrück Hbf	Hannover	Löhne	+	11.12.68
214	18.05.40	Münster	Osnabrück Hbf	Hannover	Löhne	+	11.12.68
215	21.05.40	Essen	Hamm	Hannover	Hannover Hgbf	+	22.05.67
216	24.05.40	Essen	Hamm	Frankfurt	Limburg	+	10.03.65
217	03.06.40	Essen	Wedau	Münster	Osnabrück Hbf	+	11.12.68
218	04.06.40	Essen	Hamm	Hannover	Rheine	+	22.12.76
219	06.06.40	Essen	Hamm	Münster	Kirchweyhe	+	14.11.67
220	11.06.40	Mainz	Oberlahnstein	Münster	Rheine	+	20.06.66
221	12.06.40	Mainz	Oberlahnstein	Hannover	Uelzen	+	01.09.65
222	18.06.40	Mainz	Oberlahnstein	Münster	Rheine	+	27.09.66
223	20.06.40	Mainz	Oberlahnstein	Hannover	Hannover Hgbf	+	22.05.67
224	21.06.40	Halle	Cottbus	Münster	Rheine	+	09.09.71
225	.06.40	Halle	Cottbus	Magdeburg	Stendal	i.D.	
226	12.07.40	Halle	Cottbus	Hannover	Rheine	i.D.	
227	.40	Halle	Cottbus	Magdeburg	Halberstadt	i.D.	
228	.40	Halle	Cottbus	Magdeburg	Magdeburg	i.D.	
229	23.08.39	Hannov.	Minden	Hannover	Hannover Hgbf	+	27.09.66
230	25.08.39	Hannov.	Minden	Erfurt	Meiningen	i.D.	
231	01.09.39	Hannov.	Minden	Erfurt	Saalfeld	i.D.	
232	08.09.39	Hannov.	Minden	Erfurt	Saalfeld	i.D.	
233	11.09.39	Hannov.	Minden	Hannover	Bremerhaven-Lehe	+	05.07.67
234	.09.39	Hannov.	Minden	Hannover	Hannover Hgbf	+	06.01.66
235	27.09.39	Hannov.	Minden	Hamburg	Flensburg	+	21.06.68
236	23.09.39	Hannov.	Minden	Essen	Wanne-Eickel	+	22.05.67
237	07.10.39	Hannov.	Minden	Hannover	Bremerhaven-Lehe	+	05.07.67
238	07.10.39	Hannov.	Minden	Frankfurt	Limburg	+	01.09.65
239	25.10.39	Hannov.	Minden	Hannover	Bremerhaven-Lehe	+	12.03.68
240	17.10.39	Hannov.	Minden	Erfurt	Meiningen	i.D.	
241	20.10.39	Hannov.	Lehrte	Hannover	Rheine	+	20.05.77
242	27.10.39	Hannov.	Lehrte			Verbleib unbekannt*	
243	24.10.39	Essen	Hamm	Münster	Kirchweyhe	+	14.11.67
244	02.11.39	Essen	Hamm	Essen	Wanne-Eickel	+	05.07.67
245	08.11.39	Essen	Hamm	Hannover	Rheine	+	22.12.76
246	04.11.39	Essen	Hamm	Essen	Wedau	+	10.07.69
247	14.11.39	Essen	Hamm	Hannover	Löhne	+	14.11.67
248	20.11.39	Essen	Hamm	Hamburg	Flensburg	+	27.09.67
249	22.11.39	Essen	Hamm	Hannover	Löhne	+	05.07.67
250	25.11.39	Essen	Hamm	Hamburg	Flensburg	+	05.07.67
251	01.12.39	Essen	Hamm	Hannover	Braunschweig	+	20.06.66
252	08.12.39	Essen	Hamm	Frankfurt	Limburg	+	22.05.67
253	.12.39	Essen	Hamm	Köln	Köln-Eifeltor	+	27.11.67
254	10.12.39	Halle	Cottbus	Hannover	Rheine	+	28.09.76
255	13.12.39	Halle	Cottbus	Kassel	Kassel	+	12.03.68
256	17.12.39	Halle	Cottbus	Erfurt	Sangerhausen	i.D.	
257	.12.39	Halle	Cottbus	Magdeburg	Magdeburg Hbf	+	25.01.51
258	.12.39	Halle	Cottbus	Magdeburg	Güsten	+	20.04.51
259	23.12.39	Halle	Cottbus	Hamburg	Flensburg	+	05.07.67
260	05.01.40	Halle	Cottbus	Erfurt	Sangerhausen	i.D.	
261	06.01.40	Halle	Cottbus	Schwerin	Güstrow	Z	.07.74
262	.01.40	Halle	Cottbus	Greifswald	Neustrelitz	+	
263	09.01.40	Halle	Halle	Erfurt	Saalfeld	i.D.	

#	Datum	Von	Nach	Von2	Nach2	Status
264	.01.40	Halle	Halle	Magdeburg	Stendal	i.D.
265	13.01.40	Halle	Halle	Erfurt	Sangerhausen	Z 26.07.69 +
266	31.01.40	Halle	Halle	Erfurt	Saalfeld	i.D.
267	30.01.40	Halle	Halle	Erfurt	Meiningen	Z .68
268	05.02.40	Münster	Osnabrück Hbf	Essen	Wanne-Eickel	+ 22.05.67
269	07.02.40	Münster	Osnabrück Hbf			PKP ?
270	19.02.40	Münster	Osnabrück Hbf	Hamburg	Flensburg	+ 22.11.66
271	18.04.40	Münster	Osnabrück Hbf	Hannover	Rheine	i.D.
272	17.07.39	Osten	Frankfurt/O.Pbf	Greifswald	Neubrandenburg	Z -+
273	26.07.39	Osten	Frankfurt/O.Pbf	Erfurt	Meiningen	i.D.
274	26.07.39	Osten	Frankfurt/O.Vbf	Greifswald	Stralsund	+ 19.01.54
275	01.08.39	Osten	Frankfurt/O.Vbf	Greifswald	Neustrelitz	+ zerlegt
276	04.08.39	Osten	Frankfurt/O.Vbf	Erfurt	Meiningen	Heizlok Mühlhausen
277	08.08.39	Osten	Frankfurt/O.Vbf	Schwerin	Güstrow	i.D.
278	10.08.39	Osten	Frankfurt/O.Pbf	Erfurt	Saalfeld	i.D.
279	18.08.39	Osten	Frankfurt/O.Vbf	Magdeburg	Magdeburg	Z. .74
280	13.09.39	Osten	Frankfurt/O.Pbf	Magdeburg	Stendal	+
281	22.09.39	Osten	Frankfurt/O.Pbf	Kassel	Kassel	+ 03.12.69
282	30.09.39	Osten	Frankfurt/O.Vbf	Hannover	Goslar	Heizlok + 02.06.71
283	06.10.39	Stettin	Stettin Gbf	Schwerin	Güstrow	i.D.
284	19.10.39	Stettin	Stettin Gbf	Schwerin	Schwerin	+ 29.02.73
285	06.11.39	Stettin	Stargard	Greifswald	Neubrandenburg	i.D.
286	09.11.39	Stettin	Stargard	Schwerin	Güstrow	Z. .07.74
287	11.11.39	Stettin	Stargard	Schwerin	Güstrow	i.D.
288	24.11.39	Stettin	Stettin Gbf	Halle	Leipzig	Heizlok Leipzig
289	23.11.39	Stettin	Stettin Gbf	Erfurt	Saalfeld	i.D.
290	30.11.30	Hambg.	Hamburg-Altona	Hannover	Löhne	+ 12.03.68
291	02.12.39	Hambg.	Hamburg-Altona	Münster	Emden	+ 03.12.69
292	22.06.39	Nürnbg.	Aschaffenburg	Köln	Köln-Eifeltor	+ 03.12.69
293	29.06.39	Nürnbg.	Aschaffenburg	Karlsruhe	Karlsruhe	Heizlok + 15.12.71
294	04.07.39	Nürnbg.	Aschaffenburg	Frankfurt	Limburg	+ 05.07.67
295	17.07.39	Nürnbg.	Aschaffenburg	Hannover	Lehrte	+ 11.12.68
296	22.07.39	Nürnbg.	Aschaffenburg			PKP ?
297	02.08.39	Nürnbg.	Aschaffenburg	Essen	Wanne-Eickel	+ 14.11.67
298	10.08.39	Nürnbg.	Aschaffenburg	Greifswald	Neustrelitz	+ 12.05.69
299	23.08.39	Nürnbg.	Aschaffenburg	Schwerin	Güstrow	i.D.
300	30.08.39	Nürnbg.	Aschaffenburg	Hannover	Uelzen	+ 27.11.70
301	12.09.39	Nürnbg.	Aschaffenburg	Köln	Köln-Eifeltor	+ 14.11.67
302	22.09.39	Nürnbg.	Aschaffenburg			PKP ?
303	03.10.39	Nürnbg.	Aschaffenburg	Greifswald	Neubrandenburg	i.D.
304	11.10.39	Münster	Osnabrück Hbf	Münster	Rheine	+ 21.06.68
305	24.10.39	Münster	Osnabrück Hbf	Essen	Wedau	+ 12.03.68
306	02.11.39	Münster	Osnabrück Hbf	Hannover	Löhne	+ 11.12.68
307	11.11.39	Münster	Osnabrück Hbf	Hannover	Hannover Hgbf	+ 14.11.67
308	17.11.39	Münster	Osnabrück Hbf	Hannover	Rheine	+ 20.05.77
309	04.12.39	Münster	Osnabrück Hbf	Münster	Kirchweyhe	+ 24.02.67
310	22.12.39	Münster	Osnabrück Hbf	Hannover	Rheine	+ 22.12.76
311	07.08.39	Breslau	Mochbern	Greifswald	Neubrandenburg	i.D.
312	22.08.39	Breslau	Mochbern			PKP ?
313	04.09.39	Breslau	Mochbern			PKP ?
314	.09.39	Breslau	Mochbern	Greifswald	Neubrandenburg	i.D.

315	28.09.39	Breslau	Mochbern	Hamburg	Hbg.-Eidelstedt	+ 10.03.65	
316	18.10.39	Breslau	Mochbern			PKP ?	
317	23.10.39	Erfurt	Weißenfels	Hannover	Bremerhaven-Lehe	+ 14.11.67	
318	08.11.39	Erfurt	Weißenfels	Essen	Hamm	+ 06.01.66	
319	16.11.39	Erfurt	Weißenfels	Frankfurt	Limburg	+ 22.11.66	
320	22.12.39	Erfurt	Weißenfels	Hannover	Rheine	+ 28.09.76	
321	07.12.39	Erfurt	Gerstungen	Greifswald	Neubrandenburg	+ .73	
322	05.01.40	Erfurt	Gerstungen	Hannover	Bremerhaven-Geestem.	+ 20.06.66	
323	11.01.40	Hambg.	Hbg-Rothenburgso.	Hamburg	Flensburg	+ 10.07.69	
324	06.01.40	Hambg.	Hbg-Rothenburgso.	Hannover	Bremerhaven-Geestem.	+ 22.05.67	
325	11.1o.39	Stgt.	Ulm	Schwerin	Rostock	+ 30.11.53	
326	20.10.39	Stgt.	Ulm	Greifswald	Neubrandenburg	i.D.	
327	26.1o.39	Stgt.	Ulm			PKP ?	
328	01.11.39	Stgt.	Ulm	Frankfurt	Limburg	+ 04.03.66	
329	20.11.39	Stgt.	Ulm	Greifswald	Neubrandenburg	i.D.	
330	22.11.39	Stgt.	Ulm			PKP ?	
331	06.12.39	Stgt.	Ulm	Essen	Wanne-Eickel	+ 22.05.67	
332	14.12.39	Stgt.	Ulm	Greifswald	Neubrandenburg	i.D.	
333	21.12.39	Stgt.	Ulm			PKP ?	
334	10.01.40	Stgt.	Ulm	Köln	Köln-Eifeltor	+ 27.11.70	
335	25.01.40	Stgt.	Ulm	Magdeburg	Güsten	+ 25.01.51	
336	08.03.40	Stgt.	Ulm	Köln	Köln-Eifeltor	+ 12.03.68	
337	15.01.41	Mainz	Oberlahnstein	Hannover	Hannover Hgbf	+ 03.06.65	
338	04.02.41	Mainz	Oberlahnstein	Hannover	Hameln	+ 23.02.71	
339	21.02.41	Mainz	Oberlahnstein	Münster	Kirchweyhe	+ 22.11.66	
340	05.03.41	Mainz	Oberlahnstein	Hannover	Hannover Hgbf	+ 06.01.66	
341	14.03.41	Mainz	Oberlahnstein	Frankfurt	Limburg	+ 22.05.67	
342	22.03.41	Mainz	Oberlahnstein	Hamburg	Flensburg	+ 27.09.66	
343	31.03.41	Mainz	Oberlahnstein	Hamburg	Flensburg	+ 11.12.68	
344	05.04.41	Mainz	Oberlahnstein	Hamburg	Flensburg	+ 02.10.68	
345	09.04.41	Münster	Osnabrück Hbf	Frankfurt	Limburg	+ 22.05.67	
346	22.04.41	Münster	Osnabrück Hbf	Hannover	Hameln	+ 23.02.71	
347	25.04.41	Mainz	Oberlahnstein	Hannover	Rheine	+ 21.02.77	
348	07.05.41	Mainz	Oberlahnstein	Hamburg	Flensburg	+ 21.06.68	
349	12.05.41	Mainz	Oberlahnstein	Köln	Köln-Eifeltor	+ 05.07.67	
350	19.05.51	Münster	Osnabrück Hbf	Hamburg	Flensburg	+ 27.09.66	
351	27.05.41	Münster	Osnabrück Hbf	Münster	Rheine	+ 22.05.67	
352	07.06.41	Münster	Osnabrück Hbf	Köln	Köln-Eifeltor	+ 11.12.68	
353	04.02.41	Hambg.	Hbg-Rothenburgso.	Essen	Wedau	+ 21.06.68	
354	09.05.40	Hambg.	Hbg-Rothenburgso.	Essen	Wanne-Eickel	+ 20.06.66	
355	13.06.40	Hambg.	Hbg-Rothenburgso.	Essen	Hamm	+ 06.01.66	
356	15.06.40	Hambg.	Hamburg-Harburg	Hannover	Rheine	+ 20.05.77	
357	25.06.40	Hambg.	Hbg-Rothenburgso.	Schwerin	Güstrow	Z 07.74	
358	10.07.40	Hambg.	Hbg-Rothenburgso.	Hannover	Rheine	+ 22.12.76	
359	19.07.40	Hambg.	Hbg-Rothenburgso.	Essen	Hamm	+ 22.05.67	
360	20.07.40	Wuppert.	Wt.-Vohwinkel	Hannover	Rheine	+ 20.05.77	
361	26.o7.40	Mainz	Oberlahnstein	Essen	Wanne-Eickel	+ 14.11.67	
362	03.08.40	Mainz	Oberlahnstein	Hannover	Hannover Hgbf	+ 03.06.65	
363	10.08.40	Mainz	Oberlahnstein	Hannover	Rheine	+ 28.09.76	
364	20.08,40	Mainz	Oberlahnstein	Hannover	Rheine	i.D.	
365	26.08.40	Mainz	Oberlahnstein	Essen	Wanne-Eickel	+ 14.11.67	
366	03.09.40	Mainz	Oberlahnstein	Essen	Wanne-Eickel	+ 12.03.68	

Anmerkung: BW Rheine gehört seit 1.4.1974 zur BD Hannover
* letzte zuverlässig bekannte Stationierung: Stendal 1943

ERSTE BETRIEBSERGEBNISSE, BAUARTÄNDERUNGEN UND UMBAUTEN

Sogleich nach Einsatz der Serienlokomotiven Baureihen 41 und 45 im Planbetrieb zeigten sich die ersten Kesselrisse bei der von Krauß-Maffei gebauten Neubaulok BR 03.10.41,44 und 50, ferner noch betriebsgefährdende Stehbolzen, bei denen wegen verschlossener Sicherheitsbohrungen die Herstellerfirma zur Gewährleistung herangezogen und nahezu alle von ihr gebauten Lokomotiven aus dem Betrieb gezogen werden mußten. Besonders schadenanfällig waren die St 47K-Kessel wegen ihrer Neigung zur Rissebildung. Allein bei 45 024 traten solche Schäden zwischen 1940 und Dezember 1942 gleich viermal auf, beim ersten Mal schon nach einer Laufleistung von 65.045 km. Kaum anders sah es nach den Berichten der RZA Berlin bei den Lokomotiven BR 41 aus. Die Schadfeststellungen füllen Bände des damaligen Reichsverkehrsministeriums. Beispielhaft soll der nachfolgende Bericht vom 21.1.1943 wiedergegeben werden:

Anlage 1 zum Bericht des RZA Berlin Ü 2330 Fkldke 6.5 vom 29.1.43
Kesselrisse an Lok der Reihe 41

Lok Nr.	Hersteller	Baujahr	Geleistete km	meldende Dienstst.	mit Schr. vom	Risse festgestellt an:
41 165	Krauß	1939	127500	Nürnberg	13. 8.41	Stehkessel links am Hohlstehbolzen und Steuerbock
41 154	Krauß	1939	147000	Nürnberg	13. 8.41	Stehkessel üb. d. Ansatz f.d. Boschpumpe
41 295	Jung	1939	116905	Nürnberg	13. 8.41	Stehkessel- Rückwand links über der unteren Luke
41 297	Jung	1939	118700	Nürnberg	13. 8.41	Stehkessel links oben hintere Luke
41 299	Jung	1939	124500	Nürnberg	13. 8.41	Stehkessel an der 2. großen Luke
41 291	Schichau	1939	169521	Hamburg	19. 8.41	Langkessel an der Steuerstangenführung
41 174	Jung	1939	180000	Münster	22. 8.41	Stehkessel-Rückwand-Haarrisse
41 176	Jung	1939	158000	Münster	22. 8.41	Stehkessel links Haarrisse zw.Gelenkbolzen
41 040	Henschel	1939	158979	Kassel	12. 9.41	Langkessel an der hinteren Bauchluke
41 017	Henschel	1939	202436	Kassel	12. 9.41	Langkessel, Undichtheiten an einer Luke
41 361	Jung	1940	93005	Kassel	12. 9.41	Langkessel oben links vordere Luke undicht
41 175	Jung	1939	153762	Kassel	12. 9.41	Stehkessel rechts über den Gelenkbolzen
41 170	Krauß	1939	97000	München	3.10.41	Stehkessel links an der 2.großen Luke
41 171	Krauß	1939	114000	Nürnberg	6.10.41	Stehkessel am linken Hohlstehbolzen

41 294	Jung	1939	120810	Nürnberg	15.12.41	Stehkessel links unten zw. den vorderen Gelenkbolzen
41 295 (2.x)	Jung	1939	117292	Nürnberg	19.12.41	Stehkessel oberhalb des Bodenrings
41 164	Krauß	1939	125938	Nürnberg	23.12.41	Stehkessel an der vorderen oberen Luke
41 297 (2.x)	Jung	1939	134000	Nürnberg	5. 2.42	Stehkessel an der hinteren großen Luke
41 167	Krauß	1939	157000	Nürnberg	21. 4.42	Stehkessel am Hohlstehbolzen
41 297 (3.x)	Jung	1939	150000	Nürnberg	24. 7.42	Langkessel an einer Schweißstelle
41 295 (3.x)	Jung	1939	150073	Nürnberg	31. 8.42	Langkessel an der Steuerstangenführung
41 294 (2.x)	Jung	1939	152256	Nürnberg	19.10.42	Stehkessel zwischen 2 Gelenkbolzen
41 293	Jung	1939	105958	Nürnberg	8.12.42	Stehkessel rechts zw. Gelenkbolzen
41 333	Eßlingen	1939	91690	Stuttgart	26. 8.41	Langkessel hinten am Untersatz
41 085	Krupp	1939	99793	Köln	26. 8.41	Langkessel am Untersatz
41 174 (2.x)	Jung	1939	184885	Köln	26. 8.41	Stehkessel links zw. Gelenkbolzen
41 176 (2.x)	Jung	1939	158603	Köln	26. 8.41	Stehkessel -Rückwand links zw. Gelenkbolzen

27 Lok (Im Bericht vom 2.10.41 bereits 47 Lok!)

Die Statistik vom 31.8.1941 gibt bei den bis dahin gelieferten 41 in % die aufgetretenen Kesselrisse wieder:

Hersteller	Anzahl der gelieferten Lokomotiven	Schäden (%)
Schwartzkopff	25	0
Borsig	73	4,1 Spannungsrisse in Übergangszonen
Schichau	37	2,7 Kehlschweißnähte z. Kesselblech
Orenstein & Koppel	21	0
Henschel	86	5,8
Masch. Eßlingen	28	11,0
Jung	40	35,0
Krupp	31	22,5
Krauß-Maffei	18	78,0 (!)

Dieser Umstand sowie der Kesselzerknall bei mehreren Lokomotiven (u.a. 50 185 und 846 von Krauß-Maffei geliefert) erforderten schleunigst Maßnahmen zur Betriebssicherheit bei St 47 K-Kesseln. Durch Verfügung des RZA Berlin vom 21.8.1941 (Fkld 2334), ausgeführt bei der nächstfälligen Untersuchung, wurde der Druck durch Niedrigerspannen der Sicherheitsventile bei allen 20 atü-Kesseln auf 16 atü herabgesetzt. Da die damalige Schweißtechnik der Schäden nicht Herr wurde, gab die Reichsbahn eine Anzahl Ersatzkessel aus St 34 bei der Deutschen Werft in Hamburg (Fa.-Nr. 1038-1072) und bei Krauß-Maffei (Fa.-Nr. 16381-85) in Auftrag. Die Werkstoffänderung machte eine Vergrößerung der Kesselblechdicke auf 22 mm notwendig. Die Ersatzkessel kamen zwar noch für 20 atü projektiert, jedoch nur noch für 16 atü abgenommen 1943 bis 1944 zur Auslieferung und in den Folgejahren zum Einbau. Mit diesen Ersatzkesseln haben sich die letzten Altbaukessel-41 bei der DB bis 1970, bei

29

der DR bis heute bewähren können. Die Weiterbestellung von Ersatzkesseln wurde 1943 aufgegeben, da seitens des Reichsbahn-Zentralamtes Berlin die Ansicht vertreten wurde, die Kesselrißschäden durch neue Schweißverfahren ausreichend beheben zu können. Der von Deutsche Werft 1944 unter Fabrik-Nr. 1071 gefertigte Kessel stand bis zum 11.4.1965 bei den Ausbesserungswerken Opladen und Bremen im Dienst. Als letzter St34-Ersatzkessel wurde er am 18.10.1965 nach H 2.2 im Aw Bremen zur Verwendung auf Lokomotiven hergerichtet und in die 41 345 eingebaut. Tatsächlich konnten für die nachfolgenden 20 bis 25 Jahre die weiter auftretenden Kesselrißbildungen in Grenzen gehalten werden, ehe in der zweiten Hälfte der 50er-Jahre bei den Bahnverwaltungen Nachkriegsdeutschlands die Umrüstung der Lokomotiven auf Ersatzkessel zwingend wurde.

Fast gleichzeitig, jedoch unabhängig voneinander entschloß man sich bei der Deutschen Bundesbahn und Deutschen Reichsbahn zur Entwicklung eines auf die Baureihen 03.10 und 41 gemeinsam passenden Ersatzkessels mit Verbrennungskammer unter Anwendung moderner Baugrundsätze. Bei der DB war der Kessel auch zum Einbau bei 03.0 vorgesehen, wo er jedoch nicht zur Ausführung kam. Die DR bauten ihren Neubaukessel zugleich für den Umbau der BR 39 in BR 22.

I. (DB)
Die Ersatzkessel wurden aus bewährtem und alterungsbeständigem Baustoff hergestellt. Mit ihm wurde der DB-Neubaulokomotiven (BR 23, 65, 66, 82) in der Kesselkonstruktion beschrittene Weg fortgesetzt. Der Kessel ist in sämtlichen Verbindungen geschweißt. Dieses Verfahren erzielte gegenüber herkömmlicher Nietung Gewichtsersparnis und geringeren Unterhaltungsaufwand. Es wurden möglichst gleiche Querschnitte bei den durch Stumpfschweißnähten zu verbindenden Teilen eingehalten. Hierdurch gewinnt der Kessel ein glattes und elegantes Aussehen. Zudem vermeiden die glatten Schweißnähte Überlappungen und von diesen ausgehende Undichtigkeiten. Der Langkessel besteht aus zwei Schüssen. Der vordere ist mit einem Innendurchmesser von 1716 mm zylindrisch, der hintere an der Unterseite konisch, sein größter Durchmesser beträgt 1864 mm. Der Abstand der Rohrwände mit 5200 mm, bedingt durch die neue Aufteilung der Strahlungsheizfläche, wesentlich verkürzt. Dagegen ist die Kesselgesamtlänge gegenüber dem Ursprungskessel um 50 mm vergrößert. Demzufolge wurde eine Änderung der Verbindung zwischen Rahmen und Rauchkammer (Verlängerung des Rauchkammerträgers und Versetzen der Pendelblechstützen) sowie der Ein- und Ausströmrohre erforderlich.

Der Langkessel trägt ein Dampfdom. Die Sandkästen sind zwischen Umlaufblech und Kessel verlagert worden. Von der Rauchkammer hebt sich hinter dem Kamin der Deckel des Heißdampfreglergehäuses ab. Es handelt sich um einen Einfachventil-Heißdampfregler Bauart Wagner mit Seitenzugbedienung. Äußerlich nicht erkennbar befindet sich in der Rauchkammer der Mischkasten des Einheitsmischvorwärmers MV 57. Die neubekesselten Lokomotiven mit Kohlefeuerung liefen in den Anfangsjahren ohne Kaminaufsatz. Erst ab 1963 erhielten sie zur Verbesserung der Saugzugwirkung Schornsteinaufsätze, mit welchen die ölgefeuerten Lokomotiven schon immer ausgerüstet waren.

Infolge Einbaus einer Verbrennungskammer mit 7 qm feuerberührter Heizfläche und 1427 mm Länge wurde die Strahlungsheizfläche im Vergleich zum Ursprungskessel günstiger gestaltet. Der Langkessel enthält 42 Rauchrohre 143 x 4,25 und 80 Heizrohre 54 x 2,5 von nur noch 5,2 m Länge. Erheblich vergrößert ist die Überhitzerheizfläche von 72,22 qm auf 95,77 qm.

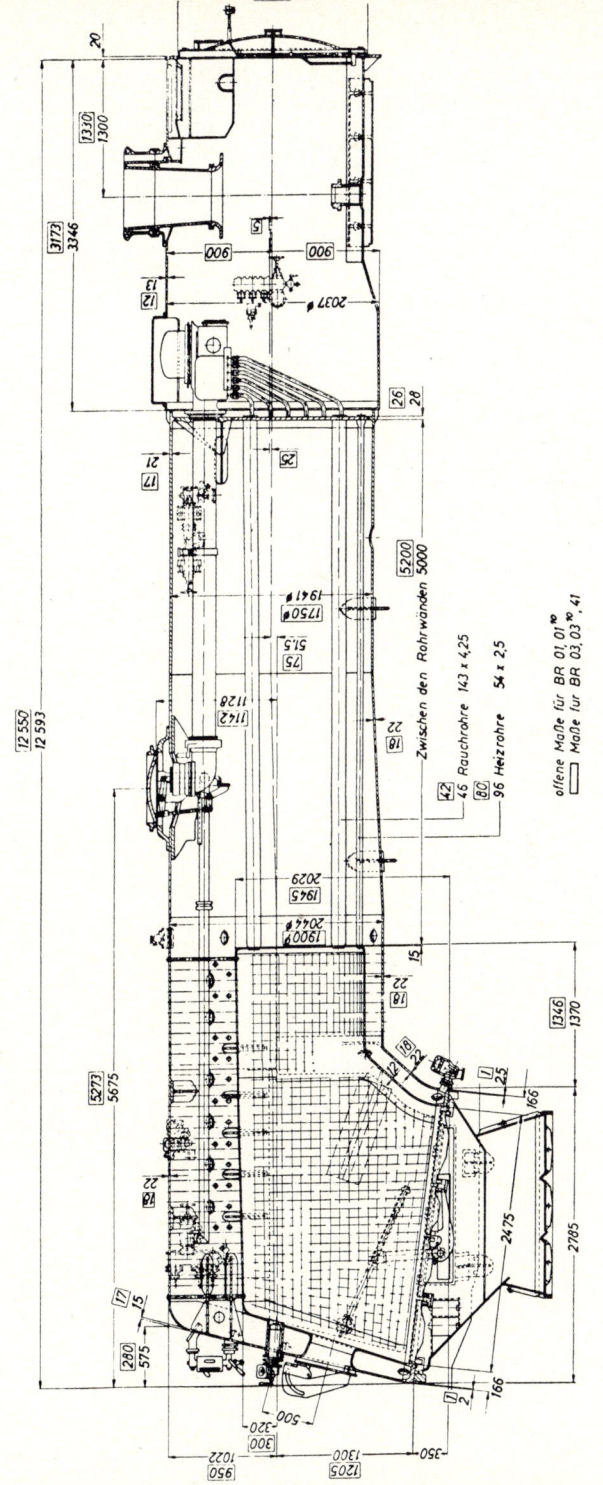

Die Hauptabmessungen von Alt- und Neubaukessel zeigt die verleichende Tabelle:

		alter Kessel	Neubau (DB)	Neubau (DR)
Dampfdruck	kg/cm	(20)16	16	16
Rostfläche	m2	3,89	3,87	4,23
Heizflächen				
a. Feuerbüchse	m2	15,90	21,22	21,3
b. Rauchrohre	m2	69,22	92,28	86,7
c. Heizrohre	m2	118,03	64,04	98,3
d. a - c	m2	203,15	177,54	206,3
e. Überhitzer	m2	77,22	95,77	83,8
Kesselleergewicht	kg	22700	26250	20700
Länge	mm	12520	12550	

Zwischen 1957 und 1962 wurden 102 Lokomotiven der Baureihe 41 mit den neuen Hochleistungskesseln ausgerüstet. Als 103. Maschine ihrer Gattungn kam 1966 die 41 019 mit dem Kessel der inzwischen wegen eines Unfalls ausgemusterten 41 322 hinzu. Die nachstehende Aufstellung gibt — soweit bekannt — eine Übersicht über die Neubekesselung der einzelnen Lokomotiven bei der Deutschen Bundesbahn:

Ausrüstung mit Neubaukesseln (DB) BR 41:

Lok		Hersteller	Fa.-Nr.	Baujahr	Einbau	Bemerkungen
006		Henschel	29656	1958	28.04.58	
012					12.02.59	
014		Henschel	29866	1958	12.02.59	
017		Henschel	29917	1960	13.07.60	
018		Henschel	29937	1961	25.05.61	
019		Henschel	29916	1960	21.12.66	aus 41 322
020		Henschel	29874	1959	01.07.59	
021		Henschel	29923	1960	26.09.60	
024		Henschel	29931	1960	25.01.61	
026		Henschel	29898	1959	02.09.59	
028		Henschel	29872	1959	17.06.59	
029		Henschel	29878	1959	06.08.59	
037		Henschel	29867	1959	29.04.59	
041		Eßlingen	5249	1962	22.05.62	
042		Henschel	29960	1962	07.02.62	
049		Henschel	29913	1959	11.02.60	
050		Henschel	29663	1958	23.07.58	
051		Henschel	29659	1958	01.06.58	
052		Henschel	29932	1960	14.09.60	
063		Henschel	29875	1958	15.07.59	
069		Henschel	29914	1959	20.04.60	
072		Henschel	29904	1959	27.10.59	
073		Henschel	29954	1961	08.06.61	
083		Henschel	29926	1960	19.10.60	
086		Henschel	29863	1958	16.09.58	
087		Eßlingen	5244	1961	07.03.62	
095		Henschel	29654	1957	05.02.58	
096		Henschel	29924	1960	05.10.60	
097		Henschel	29935	1960	13.01.61	
105	I	Henschel	29655	1958	21.09.58	
	II	Krupp	3663	1957	23.10.68	aus 03 1051
106		Henschel	29933	1960	23.02.61	
110						
111		Henschel	29873	1959	01.07.59	
113		Henschel	29920	1960	31.08.60	
135		Henschel	29909	1959	21.01.60	
145		Henschel	29648	1957	30.12.57	
146		Henschel	29899	1959	10.09.59	
164		Henschel	29642	1957	12.11.57	
166		Henschel	29643	1957	17.11.57	
168		Henschel	29653	1958	31.08.58	
169		Henschel	29640	1957	02.10.57	
173		Henschel	29661	1958	29.06.58	
174		Henschel	29877	1959	29.07.59	
175		Henschel	29650	1957	14.01.58	
177					18.06.62	
186		Henschel	29934	1961	09.03.61	
190		Henschel	29869	1959	20.05.59	
191		Henschel	29925	1960	12.10.60	
197		Krupp	3676	1957	22.09.60	

202	Henschel	29657	1957	21.07.58
206	Henschel	29921	1960	07.09.60
210	Henschel	29927	1960	27.10.60
212	Henschel	29901	1959	23.09.59
213	Henschel	29868	1959	23.04.59
214	Krupp	3675	1958	02.08.60
217	Henschel	29660	1958	06.08.58
218	Henschel	29932	1960	15.02.61
224	Henschel	29645	1957	29.11.57
226	Henschel	29936	1961	01.02.61
233	Henschel	29908	1959	29.12.59
237	Henschel	29865	1958	21.01.59
239	Henschel	29900	1959	16.09.59
241	Henschel	29664	1958	18.08.58
244				17.01.62
245	Henschel	29929	1960	11.01.61
246	Henschel	29880	1959	26.08.59
247	Henschel	29906	1959	02.12.59
249	Henschel	29902	1959	07.10.59
250	Henschel	29910	1960	27.01.60
254	Henschel	29647	1957	13.09.57
268	Henschel	29649	1957	09.01.58
271	Henschel	29652	1957	28.01.58
282	Eßlingen	5248	1962	10.05.62
290	Henschel	29907	1959	14.12.59
291	Henschel	29905	1959	24.11.59
293	Eßlingen	5243	1962	15.02.62
297				26.04.62
300	Henschel	29651	1957	19.01.58
304	Henschel	29879	1959	12.08.59
305	Henschel	29958	1961	12.10.61
306	Henschel	29911	1960	03.02.60
307	Henschel	29915	1960	01.06.60
308	Henschel	29646	1957	11.12.57
310	Henschel	29918	1960	17.08.60
317	Henschel	29876	1959	27.07.59
320	Henschel	29928	1960	07.12.60
322	Henschel	29916	1960	22.06.60
323	Henschel	29959	1961	31.01.62
324	Henschel	29641	1957	18.10.57
331	Henschel	29639	1957	29.05.57
338	Henschel	29956	1961	12.07.61
343	Henschel	29864	1958	08.10.58
346	Henschel	29955	1961	05.07.61
347	Henschel	29919	1960	24.08.60
353	Henschel	29903	1959	15.10.59
356	Henschel	29655	1957	16.02.58
358	Henschel	29662	1958	13.08.58
360	Henschel	29658	1957	27.09.58
361				02.05.62
363	Henschel	29644	1957	24.11.57
364	Henschel	29930	1960	18.01.61
365				11.02.60
366				10.08.61

Die mit den neubekesselten Lokomotiven erzielten Versuchsergebnisse bestätigten im wesentlichen die in die Ersatzkessel gesteckten Erwartungen. Bei der Nenndampfleistung konnte eine Steigerung von 11,58 auf 13,32 t/h erzielt werden. Gegenüber ursprünglich 1900 PS wurde als indizierte Leistung bei den kohlegefeuerten Neubaukessel-41 1940 PS, bei den Lokomotiven mit Ölfeuerung 1975 PS ermittelt. Bei Versuchsfahrten zeigten 41 337 (Kohle) und 41 224 (Öl) Spitzenleistungen von 2050 bzw. 2139 PSi (vgl. Düring, Lok-Magazin 16, S. 36). Die Dampfmehrleistung der Neubaukessel wurde mit etwa 10 % festgestellt.

Während im allgemeinen die Bewährung der Neubaukessel nicht in Zweifel gezogen werden konnte, ergaben sich im täglichen Betrieb anfangs unerwartete Schwierigkeiten für die Lokpersonale, auf welche hier kurz eingegangen werden soll. Am meisten Kummer bereitete der Heißdampfregler, der sich bisweilen infolge Festbrennens von Schlammausscheidungen aus dem Dampf weder öffnen noch schließen ließ. Dieser Mißstand ließ sich durch den nachträglichen Einbau von Regler-Spüleinrichtungen auf ein erträgliches Maß zurückführen. Ferner war oft die Neigung zum Wasserüberreißen zu beklagen. Manchem Personal wurde das häufige Undichtwerden des Kesselspeiseventils und die Lockerung des Entwässerungshahns, hervorgerufen durch die ohne Stoßdämpfer unter deutlichem Schütteln in die Speiseleitung hineingepumpten Wassermengen, zur Qual. Verschiedentlich wirkte auch das Hinauswerfen von Wasser aus dem Kamin äußerst störend, wenn sich nämlich die Mischbehälterrücklaufleitung mit Kesselstein zugesetzt hatte und das Wasser anstieg, bis es aus den Entlüftungsöffnungen in den Kamin herausgerissen wurde. Mit der Zeit konnten sich die Lokpersonal jedoch mehr oder weniger auf die Eigenheiten des neuen Kessels einstellen. Da die Lokomotive insgesamt befriedigte, wurde sogar in Erwägung gezogen, die zulässige Höchstgeschwindigkeit auf 100 bis 110 km/h durch Vergrößerung der Gegengewichtsmassen zu erhöhen (vgl. Düring, Lok-Magazin 16, S.37). Angesichts des absehbar werdenden Endes der Dampftraktion wurde von dieser Bauartänderung Abstand genommen.

Zwischen 1958 und 1961 erhielten 40 der neubeksselten Lokomotiven BR 41 eine Ölhauptfeuerung:

Die Umstellung auf Ölfeuerung erfolgte

bei	am
41 018	24.05.61
021	26.09.60
024	25.01.61
052	14.09.60
073	07.06.61
083	19.10.60
095	18.07.58
096	04.10.60
097	28.03.61
105	09.09.58
106	22.02.61
113	31.08.60
145	04.09.58
164	19.08.58
166	05.08.58
168	21.08.58
169	15.09.58
175	27.08.58
186	08.03.61
191	11.10.60
202	15.07.58
206	07.09.60
210	26.10.60
217	29.07.58
218	14.02.61
224	03.02.58
226	11.04.61
241	13.08.58
245	11.01.61
254	18.09.58
271	25.01.58
308	10.02.58
310	17.08.60
320	06.12.60
347	24.08.60
356	29.09.58
358	06.08.58
360	21.07.58
363	09.07.58
364	18.01.61

Die Umbauten im Jahr 1958 kamen bei der Firma Henschel & Sohn in Kassel zur Ausführung. Alle späteren erfolgten im AW Braunschweig. Die Umrüstung machte nur wenige bauliche Veränderungen notwendig. An den Lokomotiven wurden Rost, Aschkasten, Funkenfäger sowie die Näßvorrichtungen der Rauchkammer und des Aschkastens abgebaut. Die Feuerbüchse erhielt im unteren Teil eine Ausmauerung mit Schamottsteinen. Anstelle der üblichen Feuertür ist eine in das Führerhaus hineinragende isolierte Spezialtür mit einstellbarer Luftklappe und Schauluke vorhanden. Am Tender wurde im Bereich des Kohlenkastens ein abnehmbarer Behälter für Mineralheizöl S (=Bunkeröl C) mit einem Fassungsvermögen von 12 m^3 aufgebaut. Auf dem hinteren Teil des Ölbehälters befinden sich oben zwei Öffnungen für das Betanken von einem „Galgen". Bei den zuerst auf Ölfeuerung umgestellten Lokomotiven waren die Öffnungen nur oben aus manuell zu bedienen. Später konnten die Öleinfüllöffnungen vom Boden aus durch Handkettenzüge betätigt werden. Diese Vorrichtung wurde schließlich durch eine vom Führerhaus luftgesteuerte Schließvorrichtung ersetzt. Derzeit werden die Lokomotiven mittels Anbringen eines Schlauches an die beidseits der Tenderpufferbohle befindlichen Einfüllstutzen vom Boden aus betankt.

Durch die Umrüstung auf Ölfeuerung wird die Leistungsfähigkeit der Lokomotive erhöht und ihre Wirtschaftlichkeit verbessert. Die ölgefeuerten Lokomotiven sind in der Dampferzeugung elastischer. In ihrem Energiebedarf können sie den jeweiligen Betriebserfordernissen leicht durch Regelung der Ölzufuhr angepaßt werden. Die höhere Rauchgas- und demzufolge auch Heißdampftemperatur erhöht die Zughakenleistung nicht unerheblich. Aufbau und Wirkungsweise der Ölfeuerung sollen nachstehend in groben Umrissen dargestellt werden:

Zum Anheizen der kalten Lokomotive muß diese über einen der Heizleitungsanschlüsse an eine Fremddampfquelle mit mindestens 4 - 5 atü angeschlossen werden. Über den Fremddampf wird zunächst das Öl über die obere und untere Heizschlange im Tenderölbehälter auf 60 - 70º C vorgewärmt. Alsdann werden nach Entwässerung der Leitungen das Ölabsperrventil und das Dampfventil zum Ölvorwärmer geöffnet, bis das Öl am Brenner eine Temperatur von 85 - 95ºC erreicht hat. Der Brenner befindet sich in der Mitte der vorderen unteren Feuerbüchswand. Er besteht aus einem Sphärogußgehäuse und ist unterteilt in eine Öl- und eine Dampfkammer. Ist das Öl hier auf die zur Zerstäubung notwendige Temperatur gebracht worden, wird das Anstellventil für Brennernaßdampf geöffnet, bis aus dem Brennerschlitz nur Dampf austritt. Anschließend wird durch die geöffnete Feuertür eine brennende Lunte bis etwa 30 bis 50 cm vor den Brenner gebracht, der Brennerdampfdruck auf ca. 3 atü eingestellt und der Ölregulierschieber langsam geöffnet. Das nun aus dem Brenner austretende Dampf- Ölgemisch entzündet sich an der Lunte. Sobald die Lok einen Kesseldruck von 5 atü erreicht hat, ist das Feuer abzustellen und die Verbindung mit der Fremddampfquelle zu lösen. Nun kann die Lok mit Eigendampf neu gezündet werden. Hierzu genügt meist die Berührung des zerstäubten Öls mit den noch glühenden Schamottsteinen ohne Zurhilfenahme einer Lunte.

Während der Fahrt wird der gewünschte Energiebedarf durch Einstellung des Brennerdampfdrucks und der Ölzufuhr gesteuert. Damit der Heizer die Brennstoffzufuhr dem jeweiligen Dampfverbrauch anpassen kann, befindet sich auf seiner Führerhausseite ein zweiter Schieberkastendruckmesser. Zur Vermeidung von Kaltlufteintritt sollte der Lokführer den Regler nur öffnen, wenn der Brenner angestellt ist. In der Praxis verständigen sich Führer und Heizer bei Schließen und Wiederöffnen des Reglers durch Zuruf oder Betätigung der Indusi-Warntaste (= Hupton). Nach der Fahrt sind die Ölleitungen auszublasen, da sie andernfalls durch Erkalten des Öls verstopfen würden.

Erwähnenswert ist die Sprüheinrichtung zur Begrenzung der Heißdampftemperatur bei ölgefeuerten Lokomotiven. Meßfahrten hatten erwiesen, daß die Temperatur des überhitzen Dampfes bis auf 480º C anstieg. Bei mehr als 420 Heißdampftemperatur verlieren jedoch die gängigen Heißdampfschmieröle ihre Wirkung, was einen beschleunigten Verschleiß der Schieber- und Kolbenlaufflächen mit sich bringt. Um solchen Erscheinungen entgegenzuwirken, öffnet der Lokführer bei mehr als 420ºC Heißdampftemperatur das Ventil zum Sprührohr im Dampfsammelkasten.Das hieraus austretende heiße Wasser entnimmt dem überhitzten Dampf Wärme und hält die Heißdampftemperatur in wirtschaftlichen Grenzen.

Eine Verbesserung erfuhr die Ölfeuerung ab 1961 durch Einbau zweiter Hauptbrenner und zweiteiliger Feuerschirmträger (Sonderarbeiten Nr. 247 und 264).

II (DR)
Bei der Deutschen Reichsbahn kamen für die Baureihe 41 zwei verschiedene Ausführungen zur Verwendung.

Einen sogenannten Nachbaukessel erhielten: 41 004, 005, 022, 065, 067, 068, 080, 127, 136, 138, 140, 143, 149, 161, 256, 272, 275, 277, 279, 284, 288, 299.
Hierbei handelt es sich um Kessel alter Konstruktion, die sich von dem Regelkessel nur durch Verwendung des ST 34 als Kesselbaustoff und vollständiger Schweißung bei der Herstellung unterscheiden. Äußerlich sind die Nachbaukessel deutlich daran zu erkennen, daß ihnen der Dom mit dem Speisewasserreiniger auf dem vorderen Kesselschuß fehlt. Bei einigen Maschinen (41 140, 149, 284, 288) sind anstelle des Knorr-Oberflächenvorwärmers Mischvorwäser eingebaut.

Der Nachbau von Kesseln alter Konstruktion fand seine Ursache darin, daß nach dem Kesselzerknall bei 03 1046 dringend Ersatz für die St 47K-Kessel beschafft werden mußte. Bei einem Teil der Lokomotiven ließ sich die Weiterverwendung des alten Kessels bis zur Fertigung eines in Angriff genommenen modernen Verbrennungskammerkessels nicht mehr vertreten, so daß in Eile Ersatzkessel nach alten Plänen geschaffen werden mußten, die 1957 zum Einbau kamen.

Von 1958 an begann bei 80 Lokomotiven BR 41 die Ausrüstung mit den neu entwickelten „Reko"-Kesseln. Die Neubekesselung erfolgte in den Reichsbahnausbesserungswerken Zwickau und Karl-Marx-Stadt. Die Kesselkonstruktion entspricht ebenso wie bei der DB den bekannten Baugrundsätzen geschweißter Kessel. In seinen Abmessungen weicht der DR-Kessel jedoch erheblich von seinem westdeutschen Gegenstück ab.

Die Rostfläche des „Reko"-Kessels ist im Vergleich zum Ursprungskessel um etwa 8,5 % auf 4,23 m^2 vergrößert. Die sich an die Feuerbüchse anschließende Verbrennungskammer ist 1475 mm lang. Die beiden geschweißten Langkesselschüsse weisen größte Innendurchmesser von 1740 bzw. 1840 mm auf. Mit 21,3 m^2 entspricht die Strahlungsheizfläche der des DB-Kessels mit 21,22 m^2. Demgegenüber ist infolge der Rohrlänge von 5700 mm und der größeren Anzahl der Heizrohre (= 112 Heizrohre 54 x 2,5 mm, 36 Rauchrohre 143 x 4 mm) die Rohrheizfläche mit 185 m^2 viel reichlicher bemessen. Dadurch ist der Rekokessel in der Lage, bei einer Heizflächenbelastung von 70 kg/m^2 h eine Dampferzeugung von nahezu 15 t/h zu erbringen. Die Überhitzerheizfläche beträgt 83,8m^2. Der Vorwärmermischkasten liegt teilweise außerhalb der Rauchkammer als Vorbau vor dem Schornstein, was die Frontansicht nicht gerade elegant erscheinen läßt. Der Neubaukessel besitzt einen Naßdampfventilregler mit Seitenzug.

Mit den Rekokesseln wurden ausgerüstet: 41 003, 013, 025, 033, 035, 036, 038, 053, 055, 057, 061, 062, 064, 066, 071, 074, 078, 079, 099, 103, 117, 118, 119, 120, 122, 123, 125, 126, 128, 129, 130, 131, 132, 134, 137, 141, 144, 147, 148, 150, 152, 154, 159, 162, 171, 180, 182, 184, 185, 189, 200, 225, 227, 228, 230, 231, 232, 240, 260, 261, 263, 264, 266, 273, 276, 278, 283, 285, 286, 289, 298, 303, 311, 314, 321, 326, 329, 332, 357.

Alle bislang noch nicht ausdrücklich genannten, bei der DR verbliebenen 41 behielten ihren Originalkessel. Soweit sie noch über die Jahre der allgemeinen Ersatzbekesselung 1957 bis 1961 im Einsatz standen oder noch stehen, handelt es sich um alterungsbeständige St 34- Kessel der Nachlieferung 1943/44. Bemerkenswert ist die Ausrüstung von 4 dieser Kessel mit Mischvorwärmern (41 008, 009, 115, 287).

Machte die Neubekesselung der Baureihe 41 den markantesten Umbau der Gattung aus, so sollen hierüber nicht die wichtigsten anderen Bauartänderungen vergessen werden. DB und DR ließen die großen Windleitbleche der Reichsbahneinheitsbauart durch kleine „Witte"-Bleche ersetzen. Bei der DB war diese als Sonderarbeit Nr. 44 verfügte Änderung bis 1958 bei allen 41 ausgeführt; bei der DR wurden als letzte Lok mit alten Windleitblechen 41 065 und 080 Ende der 60er Jahre ausgemustert.

Ab 1950 erhielt die BR 41 (DB) Radreifennäßvorrichtungen (Sonderarbeit 79), ein großer Teil der Lokomotiven später auch Spurkranzschmiervorrichtung De Limon (Sonderarbeit 142). Als erste Güterzuglokomotive der Deutschen Bundesbahn wurde die 41 ab 1955 mit induktiver Zugbeeinflussung versehen (Sonderarbeiten 179 und 213). Die Indusianlage wurde ab 1970 mit Sonderarbeit 292 durch Anbau eines zweiten Fahrzeugmagneten auf der linken Triebfahrzeugseite ergänzt.

Um 1965 wurden in alle Dampflokomotiven mit Indusi, also auch bei der BR 41 bremsleitungsdruckabhängige Reglerschließvorrichtungen eingebaut. Die DB-Lok mit Neubaukessel hatten luftdruckgesteuerte Bedienungen der Feuertür und der Zylinderhähne erhalten; letztgenannte Verbesserung erfuhren auch die 41 der Deutschen Reichsbahn.

Die bei der DR verbliebenen 41 weisen ebenfalls wichtige Bauartänderungen auf. Die überwiegende Anzahl der Lokomotiven — von denen mit Rekokessel sogar alle — erhielten Klarsichtscheiben an der Führerhausfront. Alle 41 sind mit Trofimoff-Schiebern ausgerüstet worden. Ein Teil der Lokomotiven hat außerdem beidseitig oder auch nur auf einer Seite neue geschweißte Zylinderblöcke erhalten. Bei den Rekolok ist schließlich die Steuerung durch Verlegen der Steuerspindel nach außen, Kröpfung und Verlängerung der Steuerstange geändert worden.

DER BETRIEBSMASCHINENDIENST

Die 366 Lokomotiven wurden insgesamt 19 Reichsbahndirektionen zugewiesen und zwar in folgenden Stückzahlen:

Berlin (Berlin-Tempelhof Vbf, Seddin)	9
Breslau (Mochbern)	13
Erfurt (Erfurt P, Gerstungen, Saalfeld, Weißenfels)	19
Essen (Hamm, Wedau)	32
Frankfurt/Main (Hanau)	7
Halle (Cottbus, Engelsdorf, Falkenberg, Halle)	42
Hamburg (Hbg-Altona, Hbg-Harburg, Hbg-Rothenburgsort, Wittenberge)	23
Hannover (Lehrte, Minden, Wesermünde-Lehe)	26
Köln (Koblenz-Mosel)	10
Kassel (Göttingen Pbf, Kassel)	9
Mainz (Oberlahnstein)	27
München (Ingolstadt, München Ost, Treuchtlingen)	21
Münster (Osnabrück Hbf)	23
Nürnberg (Aschaffenburg, Bamberg)	30
Osten (Frankfurt/O Pbf, Frankfurt/O Vbf, Schneidemühl Pbf u. Vbf)	23
Regensburg (Weiden)	8
Stettin (Stargard, Stettin Gbf)	14
Stuttgart (Stuttgart, Ulm)	19
Wuppertal (Wuppertal-Vohwinkel)	11

Somit war die BR 41 außer im Südwesten (RBD Karlsruhe, Saarbrücken), Ostpreußen (RBD Königsberg), den RBD Augsburg, Dresden und Oppeln nahezu im gesamten Reichsgebiet vertreten. Ihrer Bestimmung entsprechend fanden sie ihr Betätigungsfeld beim schnellen Güterverkehr im Flachland sowie im Reisezugverkehr des mittleren Berglandes, wo sie sich im allgemeinen gut bewährten. Das Kriegsgeschehen und die Verhältnisse der Nachkriegszeit bedingten eine radikale Herabsetzung der Reisezuggeschwindigkeiten. Der Bedarf an schnellfahrenden Lokomotiven sank. Demgegenüber wurde die 41 als einzige deutsche Universallokomotive aufgewertet und über lange Zeit als Traktionsmittel des Eil- und Schnellzugdienstes unentbehrlich. An der Befähigung der Baureihe zur Beförderung schnellfahrender Reisezüge hat sich bis heute beiderseits der innerdeutschen Grenze nichts geändert. Lediglich die fortschreitende Umstellung auf Diesel- und Ellok-Betrieb verbannt die übrig gebliebenen 41 in die Reserve, soweit es um den Reisezugdienst geht. Nicht hinwegzudenken sind die 41er auch aus dem Güterzugdienst, den sie über die Dauer von 35 Jahren zur vollsten Zufriedenheit bewältigt haben. Weder DB noch DR können im Jahr 1975 auf ihren Einsatz verzichten. Doch zunächst genug des geschichtlichen Vorgriffs.

Zu Beginn der 40er Jahre änderte sich bald die Verteilung der Lok. Abgeben mußte die RBD Berlin 1942 die BR 41 zu Gunsten der RBD Breslau. Das Gastspiel in Hanau (RBD Frankfurt/M) blieb ebenfalls mit der Dauer von zwei Jahren nur kurz. Innerhalb der RBD Köln gab 1941 das Bahnbetriebswerk Koblenz-Mosel seine 41er nach Düren und Aachen West ab. Die im Bereich der RBD München stationierten Lokomotiven wurden bis 1943 in alle Regionen des Reiches verstreut. Nicht anders erging es den übrigen süddeutschen Maschinen. Vom Bw Weiden wechselten die acht Lokomotiven nach Kohlfurt und Schneidemühl. Kaum länger hielt sich die BR 41 bei der RBD Stuttgart. Die Bw Stuttgart und Ulm verloren sie nach Schlesien (RBD Breslau) und Norddeutschland (Osnabrück, Stendal, Schneidemühl). Als letzte blau-weiße Direktion wurde die RBD Nürnberg bis 1944 frei von der BR 41, vornehmlich durch Abgabe an die RBD Wuppertal, Halle und Breslau. Auch die RBD Mainz mußte ab 1944 auf die Dienste der bewährten Lokomotive verzichten. Die 41, welche nicht schon 1942-43 in die Direktionsbezirke Kassel und Hamburg abgewandert waren, wechselten im Juli 1944 zum Bahnbetriebswerk Siegen. Die pommerschen und westpreußischen 41 der Bw Schneidemühl Pbf und Vbf, Stargard und Stettin Gbf gingen 1944 an mitteldeutsche und sächsische Dienststellen.

Nach Abschluß dieser nicht zuletzt durch den Kriegsverlauf bedingten großen Umbeheimatungswelle verblieben die 41 großenteils bei den Einsatzorten, bei denen sie 1945 untergekommen waren. Unverändert seit Anlieferung bis zu ihrem Abschied von der Schiene waren sie in den Bezirken Erfurt, Essen, Hamburg, Hannover, Kassel, Münster und Magdeburg eingesetzt.

Die Kriegsverluste blieben bei der mit 366 Lokomotiven relativ stark vertretenen Baureihe gering. Infolge Kriegseinwirkung bzw. als Folgeschäden wegen mangelnder Ersatzteilbeschaffung oder unrentabler Wiederherstellung wurden nur elf Maschinen bis 1950 ausgemustert. Es waren im Bereich der Westzonen (DB)

41 094, 104, 195, 203;
in Mitteldeutschland
41 102, 151, 257, 258, 274, 325, 335.

II
Der Verbleib von 27 Lokomotiven ist im einzelnen nicht exakt nachzuzeichnen. 24 Lokomotiven der RBD Breslau könnten allenfalls als Ot 1 bei der PKP verblieben sein. Eine 41 des Bahnbetriebswerks Dresden-Altstadt (41 153) kam 1945 bei der CSD zum Einsatz. Im übrigen liegen keine verläßlichen Angaben vor. Mit Sicherheit kann jedoch ausgeschlossen werden, daß 41 er zu den sowjetischen Eisenbahnen gelangten. Denn Rakow, (Die Lokomotiven der sowjetischen Eisenbahnen, Moskau 1955) der jede einzelne zur SZD gekommene Lokomotivreihe aufzählt und beschreibt, schweigt über die BR 41.

III
Im Einsatzbestand der deutschen Nachkriegseisenbahnverwaltungen verblieben nach Ausmusterung der Schadloks im Westen 216 41er; bei der DR 112 dieser Baureihe. Ein Großteil der Lokomotiven war während der ersten Nachkriegsjahre in beiden Teilen Deutschlands abgestellt. Ehe an den Wiederaufbau eines funktionierenden Eisenbahnnetzes zu denken war, konnte auf betriebsfähige langsame Lokomotiven zurückgegriffen werden. Erst zu Beginn der 50er Jahre wurden die vorhandenen Lokomotiven BR 41 wieder voll dem Erhaltungsbestand zugeführt. Das dauerte bei der DR länger als bei der neubenannten DB.

Bezeichnend für den Schadlokbestand der mitteldeutschen Reichsbahn mag folgende Aufstellung über abgestellte Lokomotiven der RBD Halle mit Stand vom 1.10.1045 sein:

41 289 Bw Falkenberg	(Einschüsse)
128 Bw Eilenburg	(Einschüsse)
070 Bw Sangerhausen	(Fliegerbeschuß)
180 Bf Sandersleben	
134 Bf Wittenberg	
118 Bf Wittenberg	(Fliegerbeschuß)
132 Bf Wittenberg	(Fliegerbeschuß)
264 Bw Halle P	(Beschußlok)
266 Bw Halle P	(Beschußlok)
258 Bw Halle P	(Beschußlok)
055 Bw Halle P	(Aufstoß)
115 Bw Halle P	
120 Bw Halle P	
127 Bw Halle P	
131 Bw Halle P	(Beschußlok)
267 Bw Halle P	(Einschüsse)

Die betriebsfähigen Lokomotiven versahen neben anderen Baureihen zunächst als Kolonnenlok Dienste für die sowjetische Besatzungsmacht, wie folgende Tabelle mit Datum vom 20.6.1946 aufzeigt:

Kolonne 7 (Berlin-Karlshorst)	:41 080, 154, 155, 288, 311
Kolonne 8 (Berlin-Rummelsburg)	:41 013, 143, 171
Kolonne 16 (Berlin-Grunewald)	:41 035, 053, 123, 125, 126, 225, 227, 229, 326, 329, 332
Kolonne 17 (Bitterfeld)	:41 148, 256, 260, 285
Kolonne 18 (Wittenberg)	:41 004, 303
Kolonne 22 (Wittenberge)	:41 200
Kolonne 27 (Engelsdorf)	:41 257, 264

Nach 1950 wartete eine beträchtliche Anzahl 41 als Schad- und Wartelok für AW beim Lokomotivfriedhof Staßfurt über die Entscheidung über Ausbesserung oder Ausmusterung. 1950 standen dort abgestellt: 41 025, 054, 064, 071, 075, 117, 120, 127, 128, 130, 131, 147, 182, 189, 228, 230, 231, 258, 261, 262, 273, 279, 314.

Im Mai 1953 zählte der DR-Bestand erst 81 Lokomotiven BR 41, davon nur 49 betriebsfähig.

IV

Im Westen verteilten sich die im Dezember 1945 festgestellten 41 nach Reichsbahndirektionen wie folgt:

Essen	Hamburg	Hannover	Kassel	Köln	Münster
16	1	58	13	23	44

Sarrbrücken	Wuppertal	Regensburg
1	53	2

Die eine bei der RBD Saarbrücken vorgefundene 41 hatte sich vom Bw Oberlahnstein nach Südwesten verirrt und stand dort von ihrem Heimat-Bw abgeschnitten nur abgestellt. Bei der RBD Regensburg waren nach Aufteilung Deutschlands in Besatzungszonen zwei 41 des Bw Reichenbach/V. verblieben. Die SWDE (Südwestdeutschen Eisenbahnen) verfügten zu keiner Zeit über Lokomotiven BR 41. In der US-Zone gehörten sie 1945 nicht zum Erhaltungsbestand. Der Einsatzbestand betrug am 30.4.1946 nur 93 Lokomotiven, die sich mit 21 Stück auf die RBD Köln und 72 Stück auf die RBD Münster aufteilten.

Der volle Bestand mit 216 Lokomotiven wurde nach Feststellungen der HVB Offenbach in der Bi-Zone am 26.4.1948 mit nachstehender Verteilung errechnet:

ED Hannover	ED Kassel	ED Münster
58	38	100

ED Wuppertal
18

Bis zum 1.7.1950 änderte sich die Verteilung unter Verminderung des Bestandes um 2 Lokomotiven folgendermaßen:

ED Essen	ED Hamburg	ED Hannover
12	8	73

ED Kassel	ED Köln	ED Münster
38	10	47

ED Wuppertal
26

Bereits 1951 war der Erhaltungsbestand von 216 Lokomotiven wieder erreicht, welcher bis 1963 unter Einrechnung der 40 inzwischen auf Ölfeuerung umgebauten Lok konstant blieb.

Gemäß Verfügung der OBL West vom 10.6.1955 ist die Aufteilung der Lokomotiven auf die einzelnen Bahnbetriebswerke festgehalten:

BD Essen
Bw Hamm: 41 060, 087, 164, 353, 359
Bw Wanne-Eickel: 41 027, 045, 046, 048, 073, 097, 114, 191, 246, 268, 293, 305, 310, 318, 320, 343, 347, 361, 365, 366

BD Hamburg
Bw Hamburg-Eidelstedt: 41 002, 029, 049, 052, 084, 090, 096, 146, 158, 210, 213, 235, 248, 254, 270, 342, 344, 348, 358, 364
Bw Lübeck: 41 012, 019, 026, 063, 145, 250, 259

BD Hannover
Bw Braunschweig Hbf: 41 091, 157, 194, 229, 234, 301, 307, 340, 360
Bw Bremerhaven-Geestemünde: 41 014, 072, 083, 088, 100, 113, 160, 169, 196, 204, 212, 233, 292, 294
Bw Bielefeld: 41 020, 058, 085, 092, 095, 167, 175, 214, 217, 237, 295, 297
Bw Göttingen Pbf: 41 032, 039, 044, 093, 172, 188, 198, 199, 209, 215, 221, 223, 241, 251, 252, 309, 334, 336, 346, 356
Bw Hannover Hgbf: 41 023, 028, 056, 086, 168, 176, 177, 193, 197, 202, 205, 207, 208, 211, 324, 337

BD Kassel
Bw Fulda: 41 006, 007, 031, 047, 101, 109, 139, 156, 173, 190, 216, 282, 317, 319, 328, 345
Bw Kassel: 41 051, 106, 142, 206, 238, 255, 339, 341
Bw Marburg: 41 050, 108, 112, 116, 253, 281, 300
BD Münster
Bw Haltern: 41 291
Bw Kirchweyhe: 41 017, 105, 163, 174, 192, 226, 239, 315
Bw Münster: 41 186, 308
Bw Osnabrück Hbf: 41 011, 015, 016, 024, 037, 040, 059, 069, 098, 107, 110, 187, 218, 224, 236, 243, 247, 271, 290, 322, 323, 338, 350, 351, 354, 362, 363
Bw Oldenburg Hbf: 41 089, 306, 331
Bw Rheine: 41 111, 220, 222, 249, 304
BD Köln
Bw Köln-Eifeltor: 41 001, 010, 018, 135, 178, 245, 349, 352
BD Wuppertal
Bw Hagen-Eckesey: 41 021, 041, 042, 043, 166, 219, 244, 355

Am 1.6. 1961 gliederte sich der Erhaltungsbestand wie folgt:

41 Kohle: BD Essen = 29; BD Hamburg = 34; BD Hannover = 69; BD Kassel = 26, BD Köln = 9, BD Münster = 9
41 Öl: BD Münster = 40

Ab 1964 trafen die Ausmusterungsverfügungen der DB auch die BR 41, so daß der Erhaltungsbestand der kohlegefeuerten Lokomotiven von 1964 mit 172 Lok auf 91 im Jahr 1965 zurückging und sich schon am 1.10.1967 auf nur noch 25 Lok belief. Lokomotiven mit St 47 K-Kesseln erhielten keine Ausbesserung mehr; diejenigen mit St 34-Ersatzkessel konnten mit Zustimmung der Oberbetriebsleitung noch einer L 2-Untersuchung zugeführt werden. Von 1966 an wurde ansonsten bei der Ausmusterung zwischen Lokomotiven mit Neubau-Hochleistungskessel oder Original- bzw. Ersatzkessel kein Unterschied mehr gemacht.

Der Bestand der ölgefeuerten Lokomotiven (ab 1968 Baureihe 042) verringerte sich 1968 auf 35 Stück. 1971 waren schließlich alle Kohleloks ausgemustert. Heute stehen beim Bahnbetriebswerk Rheine die restlichen 34 Lokomotiven 41 Öl im Dienst auf der Emslandstrecke sowie zwischen Löhne und Oldenzaal (NS). Bezeichnend für die Universalverwendbarkeit der Gattung ist der Umstand, daß sie seit langem bei Ausfall der BR 01.10 oder in Ergänzung deren Laufpläne im Eil- und Schnellzugdienst eingesetzt wird.

Nicht viel anders ergeht es der BR 41 heute bei der Deutschen Reichsbahn. Infolge des Traktionswechsels auf Dieselokomotiven oder elektrischen Betrieb ist der Einsatz von 41 stark zurückgegangen. Regional verschieden sind sie teilweise nur noch als Betriebsreserve abgestellt. Nicht selten konnte der Eisenbahnfreund sie auch noch 1974 vor Eilzügen beobachten. Es bleibt die Erwartung, daß die DR nicht alsbald auf diese Lokomotivbaureihe verzichten kann und man dort auch weiterhin nur recht zaghaft an ihre Ausmusterung herangeht.

Etliche 41er dürften vor ihrem Abschied von der Schiene Gesamtleistungen von über 2,5 Millionen km erbracht haben. Denn nicht selten haben sie monatliche Spitzenleistungen bis 14 000 km, möglicherweise auch mehr erzielt. Monatsleistungen um 10 000 km können als Regel angenommen werden. Die für eine Güterzuglokomotive relativ hohen Laufkilometer dürfen nicht verwundern, wenn man sich nachstehende Durchläufe allein im Güterzugdienst vor Augen hält:

1960-61 Frankfurt/M-Eilgüterbf — Hannover-Linden 388 km Bw Kassel
1954/57/59 Frankfurt/M Ost — Lehrte 360 km Bw Fulda

1955/58-61 Hannover-Linden – Würzburg	360 km Bw Fulda	1954-59 Kirchweyhe – Köln-Gereon	326km Bw Wanne-Eickel
1958-59 Hagen Gbf – Hamburg Süd	352 km Bw Kirchweyhe/Osnabrück Hbf		
1954-59 Kirchweyhe – Aachen	335km Bw Wanne-Eickel		

(vgl. Dr. Mühl, Lok-Magazin 11, S. 70 ff).

VERTEILUNG AUF DIE BAHNBETRIEBSWERKE UND EINSATZ

Nur recht lückenhaft ist der Lebenslauf jeder einzelnen Lokomotive nachzuzeichnen. Viele wertvolle Unterlagen sind durch die Kriegsereignisse verlorengegangen. Vollständige Angaben über die Lokomotiven der Nachkriegs-DR fehlen verständlicherweise, da offizielle Daten aus der DDR nicht zur Verfügung stehen und der Chronist auf die spärlichen Meldungen aus Eisenbahnfreundekreisen angewiesen ist. Gleichwohl soll nachstehend der Versuch unternommen werden, dem Leser einen größtmöglichen Überblick über das Schicksal jeder 41 und ihre einzelnen Stationierungen sowie Einsätze zu geben.

RBD BERLIN

Obgleich die Streckenverhältnisse bei der RBD Berlin mit ihrer überwiegend flachen und geraden Linienführung ein ideales Einsatzgebiet für die BR 41 im schnellen Güterverkehr boten, wurden nur zwei Bahnbetriebswerke (Bln-Tempelhof Vbf und Seddin) mit den Lokomotiven aus der Neulieferung bedacht.

Zur Bedienung der von der Reichshauptstadt ausgehenden Strecken in Richtung Süden und Westen versammelten sich für 15 Monate beim Bw BERLIN TEMPELHOF VBF:

41 074	.07.39- .10.40
075	06.07.39-10.10.40
076	20.07.39-11.10.40
077	25.07.39-11.10.40
078	19.07.39-11.10.40

Im Oktober 1940 wanderten diese fünf Lokomotiven nach SEDDIN zu den dort bereits seit Anlieferung befindlichen 41 079-082. Betätigung fanden sie im Güterzugdienst Richtung Magdeburg, Dessau und Halle. Im Verein mit der nur kurz in Seddin gastierenden 41 030 gingen sie alle im Februar 1942 nach Breslau. Bis 1942 beheimatete das Bw Seddin:

41 030	08.02.42- .02.42
075	.10.40-19.02.42
076	12.10.40-24.02.42
077	12.10.40-23.02.42
078	12.10.40- .02.42
079	.07.39-19.02.42
080	.08.39- .02.42
081	18.08.39-19.02.42
082	.08.39- .02.42

In der Nachkriegszeit sind lediglich vereinzelt 41er nach Seddin zurückgekehrt. Bekannt sind:

41 119	19.01.47-17.04.47
171	28.02.61- .06.61

Zum Jahreswechsel 1943/44 verfügte die RBD Berlin beim Bw WUSTERMARK nochmals über eine 41; die 41 281 war dorthin vom 9.12.43 bis 8.2.44 von Frankfurt/Oder Pbf ausgeliehen.

Erst nach Kriegsende kehrte die BR 41 in nennenswerten Zahlen nach Berlin zurück. Die wenigen betriebsfähigen Lokomotiven in diesem Bereich wurden fast ausschließlich als Kolonnenlok (= Lokomotiven zur Verfügung der sowjetischen Besatzungsmacht) den Beahnbetriebswerken Groß-Berlin zugeteilt:

BERLIN-GESUNDBRUNNEN
41 035	10.12.45-24.11.46	Kolonne 16
125	10.12.45-20.12.45	Kolonne 16
126	10.12.45-20.12.45	Kolonne 16
261	18.12.45-22.11.46	
326	10.12.45-20.12.45	Kolonne 16
329	10.12.45-20.12.45	Kolonne 16
332	10.12.45-20.12.45	Kolonne 16

BERLIN-GRUNEWALD
41 119	19.01.46-18.01.47	
125	21.12.45-12.12.47	
126	20.12.45-03.09.47	Kolonne 16
148	.03.47-14.12.47	
256	07.03.47-05.12.47	Kolonne 16
260	10.03.47-08.12.47	Kolonne 16
326	21.12.45-15.09.47	
	21.10.47-10.12.47	Kolonne 16
329	21.12.45-10.12.47	Kolonne 16
332	21.12.45-08.12.47	Kolonne 16

BERLIN-KARLSHORST
41 288	15.12.45-09.05.46	Kolonne 7

BERLIN- LEHRTER BF
41 035   01.01.47-   .04.47

BERLIN-LICHTENBERG
41 061   01.04.47-07.12.47   Kolonne 4
303   14.03.47-   .47   Kolonne 4

BERLIN-RUMMELSBURG
41 013   21.12.45-26.11.47   Kolonne 8
171   28.12.45-23.12.47   Kolonne 8

BERLIN-PANKOW
41 125   13.12.47-07.09.48   Kolonne 3
148   .12.47-24.11.48   Kolonne 3
171   24.12.47-   .48   Kolonne 3
326   10.12.47-26.11.48   Kolonne 3
332   09.12.47-16.09.48   Kolonne 3

Zu Beginn der 60er Jahre verfügte die RBD Berlin zum letzten Mal über Lok der BR 41: die 41 022 war vom 7.6.1962-29.9.1962 beim Bw FRANKFURT/ODER PBF eingesetzt.

Von JÜTERBOG verkehrten für sowjetische Urlauberzüge neben der datenmäßig nicht exakt einzuordnenden 41 068:

41 022   30.09.62-03.07.63
070   15.04.61-23.04.63
182   19.06.61-09.01.64

RBD BRESLAU

Aus der Neuanlieferung erhielt als erste schlesische Dienststelle das im Nordwesten von Breslau gelegene Bahnbetriebswerk Mochbern die Lokomotiven 41 179-185, 311-316 zugewiesen. Ab 1942 wurde der Bestand um die aus Kohlfurt hinzukommenden Maschinen vergrößert. Ehe die BR 41 im Herbst aus Mochbern abgezogen und zumeist dem Bw Breslau Hbf zugeteilt wurde, verrichtete die Gattung vornehmlich ihren Dienst auf den Strecken Richtung Posen, Frankfurt/Oder und Görlitz.

Nachstehende Einzelstationierungen konnten nachgewiesen werden:
BW MOCHBERN
41 005   29.11.43-25.04.44
030   .02.42-   .04.44
037   28.11.43-15.12.43
061   27.11.43-15.12.43
180   06.05.39-29.12.41
          .05.02.42-25.11.44

41 185   .07.39-   .05.44
298   27.11.43-29.11.44
299   24.08.42-25.11.44
312   23.08.39-   .05.44
315   29.09.39-28.06.41
          18.02.42-29.04.44
316   19.10.39-28.06.41
          09.02.42-23.03.44

Beim Bahnbetriebswerk BRESLAU HBF erschienen erstmals im Januar 1941 Lokomotiven der BR 41 nach Überstellung vom Bw Mochbern. Sie mußten jedoch bis Februar 1942 an die frühere Heimatdienststelle zurückgegeben werden. Wenige Monate später kam es dann zur ständigen Stationierung von 41 in Breslau Hbf. Aus Seddin wurden acht Maschinen (41 075-082) dem Bw der schlesischen Hauptstadt zugeteilt. Von anderen Bw folgten weitere Lokomotiven, bis mit Auflassung der 41er Traktion in Mochbern zum Herbst 1944 Breslau Hbf einzige schlesische Heimatstätte für 41 wurde. Breslau Hbf übernahm zugleich mit den Lokomotiven die bislang von Mochbern erbrachten Zugförderungsleistungen. Aus den lückenhaften Unterlagen sind für folgende Lok Einzelnachweise zu führen:

41 005   18.05.44-?   (14.10.44-)
030   .04.44-?
037   16.12.43-11.08.44
053   09.02.42-?   (15.01.44-)
061   29.11.44-?
064   07.02.42-08.08.43
075   25.02.42-27.12.43
076   25.02.42-   .44
077   25.02.42-   .44
078   01.03.42-   .44
079   25.02.42-?   (30.08.44-)
080   25.02.42-?
081   25.02.42-?   (01.08.44-)
082   25.02.42-?
180   30.12.41-04.02.42
          26.11.44-?
185   .05.44-?
296   04.12.42-?   (26.09.44-)
299   28.11.44-?
312   .05.44-?
315   29.06.41-17.02.42
          30.04.44-11.10.44
316   30.06.41-08.02.42
          01.05.44-?
329   07.02.42-? (21.09.44-)

Vor Einkesselung der „Festung Breslau" konnten nur wenige Lokomotiven nach Westen abgefahren werden. Unter welchen Umständen die schlesischen Eisenbahner während dieser Zeit ihren Dienst verrichten mußten, soll der Bericht von Lokf. Basecke und Heizer Kriegel zeigen:

„Am 28.1.1945 erhielten wir den Auftrag, mit unserer Lok einen Kesselwagenzug, Ladegut Gift, von WIFO Dyhernfurth nach Glogau vorzufahren. Als wir Dyhernfurth hinter uns hatten und uns dem Bf Kunzendorf/Oder näherten, bekamen wir schon von weitem Haltesignale von einem Schrankenwärter. Als wir gehalten hatten, teilte er uns mit, daß am Bahnsteig in Kunzendorf bereits russische Panzer stünden und Steinau/Oder besetzt sei. Durch gute Verständigung des Schrankenwärters zurück bis Wohlau konnten wir den Kesselwagenzug sofort zurückdrücken und in Wohlau abstellen. Wir brachten unsere 41 178 gut nach Breslau zurück."

Ein Großteil der Breslauer Maschinen verblieb im Kessel um die Stadt und später bei der PKP.

Das Bahnbetriebswerk KOHLFURT verfügte zwischen 1942 und 1944 zum Dienst auf den Strecken Richtung Breslau, Guben — Frankfurt/Oder, Falkenberg und Görlitz über einige Lok BR 41. Im einzelnen sind überliefert:

41 005	01.09.42-28.11.43
008	21.08.42-08.08.43
036	11.09.42-18.03.44
037	11.09.42-27.11.43
054	09.07.42-16.03.44
056	21.08.42-25.03.43
061	30.08.42-26.11.43
298	26.08.42-26.11.43

Aus weiteren zwei Bahnbetriebswerken der RBD Breslau sind vereinzelte 41 gemeldet:

BW GÖRLITZ
41 054   17.03.44-15.12.44

BW SAGAN
41 036   10.03.44-03.01.45

Natürlich konnten vorstehend nicht alle Lokomotiven der Gattung 41 im Bereich der RBD Breslau erfaßt werden. Ohne eine abschließende Aufzählung erbringen zu wollen, sei auf die von der RBD München hinzukommenden 41 009 (30.08.42), 013 (05.10.42), 034 (11.09.42), 012 (04.02.42), 038 und 039 (05.12.42) hingewiesen. Die Herkunft der 41 165 vor ihrem Einsatz in Schlesien ist ungewiß. Die RBD Breslau beherbergte ferner 41 167, 297, 301, 318 und 331, ehe sie im März 1943 an die RBD Münster (Osnabrück Hbf) abgegeben wurden.

RBD COTTBUS
Bei dieser nach Teilung Deutschlands neu entstandenen Reichsbahndirektion war die Baureihe 41 nur gleich nach Kriegsende und zwar im Bw HOYERSWERDA vertreten:

41 067	27.11.45-20.04.47
122	27.12.45-06.05.47

Ob es sich nur um diese zwei Lokomotiven gehandelt hat, ob sie im Einsatz standen oder als Kolonnenlok Dienst taten, ließ sich nicht ermitteln.

RBD DRESDEN
Durch Umbeheimatung der BR 41 aus Pommern und dem Bezirk der RBD Osten gelangten April/Mai 1944 41er nach Sachsen zur RBD Dresden. Die nur unvollständig erfaßten Zugänge wiesen u.a. aus:

vom Bw Stargard-	41 150, 151, 152, 153, 147, 283, 284
vom Bw Schneidemühl Vbf:	41 137, 138, 141
vom Bw Frankfurt/O Vbf:	41 155, 273, 275, 280

Aus dem Bw Reichenbach/V. sind als ehemalige Schneidemühler (Vbf) Lok bekannt:

41 139	03.05.44-10.08.44
141	03.05.44-13.06.46
142	01.05.44- .05.45
144	10.06.44-10.12.45

Nach CHEMNITZ-HILBERSDORF gelangten von Frankfurt/Oder neben anderen

41 272	.44-09.09.45
276	.05.44-11.10.45
	28.01.47- .02.47
278	01.05.44-09.09.45

41 151 wurde im Februar 1945 beim Bombenangriff der alliierten Streitkräfte auf Dresden durch Volltreffer zerstört. Bei Kriegsende verblieb die 41 153 in der Tschechoslowakei.

In Dresden selbst sind 41er wahrscheinlich erst ab 1945 beheimatet gewesen. Verläßliche Daten liegen vor über

DRESDEN-ALTSTADT
41 036   01.05.46-   .47
41 038   06.10.45-28.03.46
und
DRESDEN-FRIEDRICHSSTADT
41 141   14.06.46-09.02.47
41 276   12.10.45-27.01.47

Im übrigen weist der Bestand der RBD Dresden vom 25.07.1945 folgende Verteilung auf:

Chemnitz-Hilbersdorf: 41 038, 078, 080, 272-280, 288
Riesa: 41 284
Dresden-Altstadt: 41 147, 150, 151 152, 159 (149, 153, 283 vermißt)
Freiberg (Sa.):   41 148
Reichenbach: 41 005, 013, 137, 138, 140, 141, 143, 144
Rochlitz: 41 036

Den Abschluß der Traktion mit BR 41 bei der RBD Dresden brachte die Stationierung der Gattung zu Anfang der 50er-Jahre beim Bahnbetriebswerk Gera, wo sie bis Ablösung durch die pr. P 10 (BR 39) im Reisezugdienst ihre Pflicht taten. Es waren u.a.

41 013   08.09.53-04.05.55
066   19.09.53-30.09.55
122   08.09.53-28.08.55
260   27.11.53-27.09.55
276   13.12.53-02.05.55

RBD ERFURT
Im thüringischen Bergland eignete sich die BR 41 hervorragend für den Einsatz im Eilgüterzug- und Reisezugdienst. Auf den steigungs- und krümmungsreichen Strecken war ihre Höchstgeschwindigkeit von 90 km/h sogar im Schnellzugdienst oft völlig ausreichend. Es kann daher nicht verwundern, wenn die Baureihe hier vorwiegend als Reisezuglok einge-

setzt war und sich bis in die jünste Zeit bewährte. Der nach Kriegsende stark zusammengeschrumpfte RBD-Bestand wurde ab Mitte der 50er Jahre erheblich erweitert.

Das Bahnbetriebswerk Arnstadt wurde erst relativ spät mit der BR 41 bestückt. Die hier eingesetzten Lokomotiven

41 025   07.06.55-17.03.57
          02.09.58-08.09.58
035   27.06.59-28.01.62
054   31.08.57-13.07.58
064   11.12.59-01.01.60
122   30.12.60-09.03.62
126   22.11.59-20.04.62
128   10.05.54-17.03.57
          28.08.57-18.08.59
182   03.09.57-07.02.58
200   26.05.62-24.01.63
240   16.06.59-10.02.60
256   25.10.60-02.02.61
260   20.01.56-15.05.57
266   29.05.54-07.03.56
273   29.05.54-07.03.56
289   30.05.62-05.12.66

verrichteten Dienst zwischen Meiningen und Erfurt.

Abgesehen von der Stationierung wohl nur einer Maschine zwischen 1943 u. 1944 (41 072) wurde das Bw EISENACH von 1953 bis 1969 Heimatdienststelle der BR 41. Im Feiertagsverkehr zu Ostern, Pfingsten oder Weihnachten beförderten sie oft die Entlastungsschnellzüge im grenzüberschreitenden Verkehr zwischen Bebra und Erfurt. Nicht selten stellten sie auch die Vorspann- oder Schiebelok zwischen Gerstungen und Eisenach. Erst mit der Auslieferung der Großserie V 180 ersetzte die 41 in Eisenach. An bekannten Stationierungen sind aufzuzählen:

41 013   17.08.56-16.02.58
022   20.08.59-03.02.60
038   .11.52-08.04.58
054   29.08.55-01.08.57
          07.01.69-   .69
064   29.02.56-15.10.57
072   16.04.43-07.05.44
078   20.04.57-06.06.58
120   08.11.53-03.09.55
122   12.12.57-18.12.57
          07.01.58-23.08.59
          30.05.63-19.06.69

47

41 126	28.07.56-01.06.59		41 022	13.08.59-19.08.59
	21.04.62-19.12.63			18.10.60-09.09.61
	24.12.63-10.08.66		025	04.09.54-06.06.55
182	17.10.56-01.08.57			09.09.58-15.09.58
189	29.10.53-06.04.59		035	29.01.62-13.03.62
230	01.07.59-09.03.67			09.06.70-
231	01.03.55-21.03.55		036	21.07.54-19.04.55
	12.05.56-06.01.58			20.12.63-27.12.63
232	.11.58-06.12.59		061	20.04.39-17.03.42
240	12.12.57-06.04.59			16.07.42-29.08.42
256	01.11.58-24.10.60		062	29.04.39-20.04.43
	03.02.61-23.08.61		063	10.05.39-07.01.42
	01.08.62-06.02.64		064	17.05.39-02.02.42
	19.04.64-07.08.69			15.02.55-28.02.56
260	22.09.57-11.06.59			02.09.69- Z 26.01.71
	08.08.62-10.01.63		065	.05.39- .42
	07.01.69- .71		066	26.05.39-06.05.44
263	13.07.62-26.09.62			22.01.71- .72
	25.05.63-14.03.65		067	24.05.41-20.05.44
	21.12.65-19.05.67		069	10.06.39- .41
265	09.09.53-10.01.63		070	01.03.42-05.05.44
	12.04.63-28.04.64		072	24.06.39-25.07.39
	17.08.64-27.11.64		073	04.07.39-17.07.39
267	09.07.58-25.07.58		078	01.09.60-07.10.60
	21.04.59-29.05.59		122	19.12.57-06.01.58
	01.06.60-29.06.60			18.12.60-29.12.60
272	20.10.58-23.05.62			28.07.62-08.10.62
273	30.06.63-05.12.69		125	09.12.72- .74
276	03.05.55-06.01.58		126	20.12.63-23.12.63
	20.12.68-08.01.69		189	31.05.59-19.05.60
278	13.03.55-15.10.57		231	01.10.54-28.02.55
	25.07.59-30.09.68			22.03.55-03.01.56
329	02.08.56-24.09.58			01.05.59-22.05.60
			232	22.04.69- .12.69
			256	07.02.64-18.04.64
				22.04.72- .74
			261	23.12.54-07.04.55
			265	11.01.63-11.04.63
				12.05.69-25.07.69
			267	30.05.59-02.05.60
			273	30.04.71- .73
			288	30.04.71- .73
			289	30.09.59-20.01.60
			319	17.03.43-04.05.44
			320	13.02.43-08.02.45

Fabrikneu erschienen 1939 beim Bahnbetriebswerk ERFURT PBF 41 061-067, 069, 072, 073. Sie fanden ihre Betätigung auf den Strecken Richtung Bebra/Gerstungen, Meiningen, Gera, Saalfeld, Magdeburg und Halle im Wechsel mit den Lokomotiven der Nachbardienststellen. Von kurzen Unterbrechungen abgesehen, blieben die 41 ihrer Erfurter Heimat über drei Jahrzehnte treu. Am 1.1.1945 waren nur noch 41 065, 071, 074, 267, 303 in Erfurt verblieben. Bestandsnachweise aus 1972 (= 41 035, 064, 066, 071, 256, 265, 273, 288) und 1973 (= 41 035, 064, 125, 256, 288) vermitteln vorwiegend als Reserve abgestellte Lokomotiven. Am 1.10.1974 bot sich folgendes Bild: in Reserve = 41 035, 130; Z = 41 071.

Verläßlich nachgewiesen sind überdies beim Bw Erfurt Pbf

Zudem verfügte das Bahnbetriebswerk ERFURT GBF jeweils für kurze Zeit über

41 036	20.04.55-03.01.56
061	18.03.42-15.07.42
261	08.04.55-07.11.55

Aus der Serienanlieferung erhielt das Bahnbetriebswerk GERSTUNGEN im Jan. 1940 die zwei Lokomotiven 41 321 und 322. Die Dauer ihres Verbleibs ist unbekannt. Bereits vor ihnen sind aus Erfurt Pbf kommend im Einsatz des Bw Gerstungen gewesen:

41 072	26.07.39-15.04.43
073	18.07.39-04.02.42

Ein Vierteljahrhundert später konnte sich das Bw Gotha gleichfalls zweier 41er bedienen:

41 273	.69- .03.70
278	01.10.68-20.12.68

Überwiegend für den Reisezugdienst in Richtung Erfurt und Eisfeld/Eisenach beheimatete ab 1958 das Bahnbetriebswerk MEININGEN die BR 41. Am Stichtag 1.7.73 belief sich der Bestand auf 10 Lokomotiven (41 122, 126, 143, 144, 150, 185, 230, 240, 273, 276). Infolge der Umstellung auf Dieseltraktion waren die Dampflokomotiven zu diesem Zeitpunkt bereits auf untergeordnete P-Züge verdrängt. Dennoch vergrößerte sich der Bestand bis zum 1.10.1974 um 41 025, 125, 200. Authentisch sind nachbenannte Einsätze des Bw Meiningen:

41 025	16.09.58-25.09.59
	09.06.67-16.10.69
	26.10.69-18.12.69
035	14.03.62-08.06.70
036	01.07.59-19.12.63
	28.12.63-?
054	25.09.58-04.05.61
070	16.11.71-06.12.71
078	19.08.58-18.09.59
122	20.09.69-
126	11.08.66- Z 23.08.69
128	01.10.59-21.08.68
144	24.02.69-
185	16.07.59- Z 23.04.69
230	01.10.58-05.05.59
	06.04.67-
240	09.03.60-
256	01.10.69-21.04.72
263	15.03.65-25.10.65
	20.05.67- .71
265	.02.72- Z .73
267	01.07.60- Z .02.68
273	29.08.58-05.05.59
	.73-
276	11.03.68-19.12.68
	09.01.69-

41 278	.02.70- .71
289	01.06.68-28.12.69

Bis Ende des 2. Weltkrieges gehörte das Bahnbetriebswerk NORDHAUSEN zur RBD Kassel. Die Teilung Deutschlands in Besatzungszonen bedingte die Neuzuordnung zur RBD Erfurt. Bis 1945 waren die Nordhausener Lokomotiven unterwegs zwischen Northeim und Halle/Erfurt. Die Grenzziehung bereitete ihrem Einsatz in Richtung Westen ein Ende.

Bekannte Maschinen des Bw Nordhausen sind:

41 025	17.10.69-25.10.69
054	04.06.61-09.10.68
062	10.10.61-18.04.68
066	07.05.44-02.07.44
067	26.05.44-02.07.44
070	06.05.44-02.07.44
072	11.05.44-02.07.44
144	21.02.60-23.02.69
231	26.07.60- .71
232	.12.59-21.04.69
	.12.69- .02.70
265	28.11.64-11.05.69
272	14.09.45-07.05.47
278	14.09.45-09.09.46

Das Bahnbetriebswerk SAALFELD bediente mit seinen Lokomotiven die Strecken in Richtung Gera–Leipzig, Erfurt – Nordhausen und Halle. Der Bedeutung dieser Dienststelle entsprechend wurden hier von Beginn ihrer Auslieferung an Lokomotiven der BR 41 stationiert. Die Kriegs- und Nachkriegsverhältnisse bedingten eine Unterbrechung der 41er-Traktion, ehe nach 12 Jahren Pause die Baureihe nach Saalfeld zurückkehrte. Zunächst im Nebeneinander mit der P 10 (BR 22) überlebte schließlich die 41 die rekonstruierten „Preußen". Der umfangreiche Bestand von 1973 (41 025, 036, 054, 057, 067, 078, 115, 130, 136, 155, 189, 200, 231, 232, 260, 263, 266, 278, 289), am 1.10.1974 bereits vermindert um 41 025, 036, 130, 136, 200 und 260, kann sich zwar nicht mehr großartiger Leistungen rühmen, doch wird nicht selten auf die 41 als RBD-Reserve zurückgegriffen.

Dem Chronist bleibt aus Saalfeld zu übermitteln:

41 013	05.05.55-16.08.56
	24.06.63-28.05.68
022	25.09.60-17.10.60
025	23.05.57-01.09.58
	31.10.59-08.06.67
	19.12.69-
036	01.05.56-09.05.56
	.69- .74
054	10.10.68-06.01.69
	01.05.70-?
067	04.06.39-25.04.41
	.72-
069	.41- .42
070	14.06.39-28.02.42
078	10.04.54-19.10.56
	31.10.59-12.04.60
	08.10.60-
122	15.11.55-31.10.57
	12.05.62-27.07.62
126	29.11.53-27.07.56
	21.08.59-21.11.59
	.11.71- .72
128	23.05.57-27.08.57
147	02.12.53-05.03.56
182	23.02.55-16.10.56
	08.02.58-15.09.58
185	15.10.57-21.10.58
189	01.07.60-31.05.68
	.72-
200	25.01.63- .73
231	.11.71-
232	.02.70-
256	30.10.56-15.09.58
260	.10.71- .74
263	.72-
265	16.06.64-16.08.64
266	30.06.57- Z .07.69
276	29.03.58-08.02.68
278	25.04.58-27.04.59
	.72-
289	06.12.66-31.05.68
	17.02.70-
314	29.03.55-24.04.56
319	09.12.42-12.01.43
320	09.12.42-12.02.43
329	17.09.54-01.08.56
	15.08.59-09.05.68

Vom Bw SANGERHAUSEN ist der Einsatz nachstehender Lokomotiven überliefert:

41 004	.07.44-?
010	29.07.44-13.12.44
066	03.07.44-15.08.45
067	03.07.44-26.12.45
41 070	03.07.44-01.11.45
072	03.07.44-?
145	25.07.44-?
146	25.07.44-?
189	04.08.44-22.02.46
190	10.08.44-24.01.45
256	26.07.69-? abg.
267	01.02.46-09.05.47
303	.07.44- .47

Nennenswert war somit der Sangerhäuser Bestand nur während der Zugehörigkeit des Bw zur RBD Kassel. Erst zum 1.10.1974 weist das Bahnbetriebswerk mit 41 036, 136, 256, 260 wieder 41er auf, welche jedoch allesamt nur Betriesreserven darstellen.

Auch WEIMAR war nur für wenige Jahre Heimatdienststelle der BR 41 und zwar im einzelnen wenigstens für

41 013	18.03.58-16.12.59
	14.01.60-23.06.63
022	28.04.60-24.09.60
	19.05.61-06.06.62
078	13.04.60- .08.60
122	09.10.62-29.05.63
200	02.07.58-25.05.62
231	15.03.58-15.11.58
232	.03.58-15.11.58
256	24.08.61-28.06.62
260	01.08.59-07.08.62
	20.01.63-04.07.63
263	15.03.58-23.05.62
	27.09.62-24.05.63
267	14.03.58-08.07.58
	26.07.58-30.09.58
273	29.07.59-06.06.63
276	08.11.42-10.07.43
289	21.01.60-29.05.62

Die Nachfolge in Weimar traten umgebaute P 10 (BR 22) an.

Ferner gehörte WEISSENFELS zu den mit 41 erstbedachten Bahnbetriebswerken. Fabrikneu wurden angeliefert:

41 317	24.10.39-06.05.44
318	09.11.39-?
319	17.11.39-08.12.42
320	23.12.39-08.12.42

Von 1946 bis 23.04.47 war mit der 41 038 nochmals eine Lok dieser Gattung in Weißenfels vertreten.

Schließlich wäre die 41 319 zu nennen, welche vom 13.01.43 bis 22.02.43 beim Bahnbetriebswerk ZEITZ beheimatet war.

RBD/BD ESSEN
Ab Werk gelangten zur vorgenannten Direktion 32 Lokomotiven der Baureihe 41, die zur Traktion des Schnellgüterverkehrs in und nach dem Ruhrgebiet bestimmt waren. Während 41 217 dem Bw (Duisburg-) Wedau zugeteilt wurde, kamen alle anderen Lokomotiven zunächst zum Bahnbetriebswerk Hamm/Westf. 1944 wurden die 41 durch Lokomotiven BR 50 ersetzt und an die RBD Wuppertal abgegeben. Doch bereits 1945 war die BR 41 wieder in Hamm angesiedelt. 1969 wurden die letzten 41 der BD Essen beim Bw Wedau abgestellt.

Beim Bahnbetriebswerk DORTMUND Bbf kamen ab 1943 für einige Monate fünf Lokomotiven BR 41, 1949 nochmals eine weitere zum Einsatz, ohne daß für sie in Dortmund ein Planbedarf bestanden hätte.

41 045	20.12.49-09.01.50
090	14.08.43-15.11.43
096	30.09.43-03.01.44
217	11.06.43-14.01.44
218	29.04.44-15.05.44
252	.06.43- .01.44

Die Maschinen dürften mit hoher Wahrscheinlichkeit als Reserve im Reisezugdienst ausgeholfen haben.

Nicht anders ist auch die Stationierung der

41 014	15.10.43-17.05.44
015	16.10.43-10.05.44
094	16.10.43-10.05.44
098	16.12.43-10.05.44

beim Bahnbetriebswerk DUISBURG Hbf sowie der

41 084	03.10.43-24.04.44
095	04.11.43-27.05.44
097	04.11.43-28.05.44
245	05.11.43-25.05.44

beim Bw ESSEN Hbf zu erklären.

Bis 1944 verfügte das Bw HAMM über 31 bis 32 Lokomotiven BR 41 bei einem gleichbleibenden Planbedarf von 24 Maschinen. Bald nach Kriegsende erneuerte sich in Hamm der Einsatz mit 41. Bis zur Elektrifizierung aller von Hamm ausgehenden Hauptstrecken liefen sie in Richtung Soest — Paderborn, Bielefeld — Löhne, Münster — Osnabrück, Hagen sowie im gesamten Ruhrgebiet. Vor Personen- und Eilzügen waren sie ebenso wie im Güterzugdienst anzutreffen.

Hamm beheimatete

41 012	22.06.45- .46
014	11.03.43-14.10.43
	03.11.57-17.12.58
	14.12.68-07.01.69
015	26.01.43-15.10.43
016	27.01.43-13.04.44
021	24.10.45-04.06.46
027	31.10.53-18.01.54
	22.02.62- Z 10.06.66
046	10.07.52-27.07.52
048	20.12.53-09.10.63
049	19.12.68-07.01.69
060	27.09.54-09.10.63
083	21.05.39-12.05.44
084	24.05.39-02.10.43
085	25.05.39-31.01.44
086	27.05.39-13.05.44
087	31.05.39-04.01.44
	19.03.54-29.10.54
	14.03.55-03.05.55
	25.01.56- .62
088	14.06.39-13.04.44
089	14.06.39-13.04.44
090	07.06.39-08.07.43
	16.11.43-28.12.43
091	07.06.39-30.12.43
092	10.06.39-18.01.44
093	14.06.39-09.05.44
094	04.09.43-10.05.44
096	11.09.43-29.09.43
	19.01.44-14.05.44
097	08.04.43-03.11.43
098	29.09.43-05.12.43
107	12.04.62-09.10.63
114	20.11.57-31.05.58
164	18.10.54-12.11.57
203	.04.40- .05.44
204	17.04.40-16.05.44
205	19.04.40-31.05.44
206	21.04.40-09.05.44
207	25.04.40-26.05.44
215	22.05.40-11.05.44
216	25.05.40-04.06.40
	01.03.41-15.05.44
217	29.02.41-10.06.43
	02.02.44-21.05.44

41 218	05.06.40-30.03.44
219	07.06.40-21.05.44
	08.10.59-09.10.63
243	24.10.39-23.05.44
244	02.11.39-14.05.44
245	08.11.39-04.11.43
246	14.11.39-13.05.44
	28.06.68- .68
247	14.11.39-09.05.44
248	20.11.39-12.05.44
249	22.11.39-12.05.44
250	26.11.39- .44
251	01.12.39-13.05.44
252	.12.39- .06.43
	.01.44- .05.44
290	26.06.45-23.05.46
293	16.10.54-20.12.61
297	16.01.58- .03.62
318	29.03.62- Z 01.10.65
323	28.05.45-16.05.46
324	28.06.45-17.07.46
334	04.11.45-23.12.46
353	20.12.53-23.08.59
355	30.12.58- Z 20.10.65
359	04.10.54-19.03.55
	04.05.55- Z 15.03.67

Zwei Dienststellen mit 41 (Paderborn und Soest) kamen durch die Neugliederung der Direktionsbezirke 1945 von der RBD Kassel zur RBD Essen. Der besseren Übersicht halber mag ihre Behandlung im Rahmen dieser Schrift ausschließlich bei der RBD/BD Essen entschuldigt werden.

PADERBORN erhielt seine Lokomotiven 1943/44 vorwiegend aus den Direktionsbezirken Münster und Hamburg u.a. als Ersatz für abzugebende P 10. Bis 1948 verblieben nur noch sechs Maschinen in der Bischofsstadt. Die späteren Einsätze der BR 41 dauerten jeweils nur wenige Monate und waren bedingt durch Aushilfe anderer Bahnbetriebswerke bei Lokmangel in Paderborn.

Im Verlauf der Jahre gehörten nach Paderborn

41 007	28.07.44-01.04.45
014	08.01.69- Z 12.02.69
027	12.05.54-16.05.54
032	15.05.44-16.10.46
045	16.05.54-10.09.54
049 Z	08.01.69-03.03.69
051	31.12.43- .01.44

41 052	31.12.43-17.04.46
056	14.07.43-08.09.48
063	19.02.45- .45
073	16.05.44-01.04.45
087	30.10.54-13.03.55
	04.05.55-24.01.56
090	29.12.43-28.07.46
108	22.04.44-01.04.45
113	15.05.44-20.08.48
114	12.05.54-11.10.54
172	31.12.43-08.08.48
191	27.06.53-10.09.53
193	11.05.44- .02.45
194	13.05.44-08.09.48
196	20.05.44-08.09.48
197	28.05.65-27.09.65
198	12.05.44-08.09.48
237	31.12.43-13.04.46
268	07.01.49-14.05.49
305	11.02.49-12.06.49
306	16.07.57-08.10.57
310	12.01.49-15.05.49
320	28.02.49-12.06.49
334	.11.44- .45
338	16.05.44-01.04.45
359	07.08.54-03.10.54
	20.03.55-03.05.55
365	28.05.65-25.09.65

Aus SOEST ist nur die 41 195 zu melden, welche dort nach kurzem Einsatz abgestellt ihrer Ausmusterung entgegensah.

41 195	11.05.44-03.11.45
	Z 04.11.45- + 19.11.45

Das Bahnbetriebswerk (Duisburg-) Wedau verfügte zwischen 1940/41 über zwei 41er. 41 217 ging der Dienststelle direkt vom Abnahme AW Frankfurt-Nied zu; 41 216 hatte zuvor einige Tage in Hamm im Einsatz gestanden. Ob für diese zwei Lokomotiven ein eigener Plan eingerichtet worden ist, ließ sich leider nicht feststellen. Im Sommer 1952 kam es zu einem neuen unbedeutenden Zwischenspiel der Baureihe 41 in Wedau. Als die 41 in Wanne-Eickel brotlos wurden, fanden nochmals sechs Lokomotiven den Weg nach Wedau bis zur nahe bevorstehenden Ausmusterung. Der Winterfahrplan 1967/68 brachte für die Lok einen Eintagesumlauf über Krefeld nach Aachen-West und zurück. Nennenswerte Leistungen haben

41 046	15.05.52-09.07.52

Laufplan der Triebfahrzeuge

BD	Essen
MA	Essen 1
Heimat-Bw	Wanne-Eickel
Personaleinsatz-Bw	

Einsatz-Bw

gültig vom 26.9.1965 bis

Verkehrstag: Mo-Fr

Laufplan Nr	
Triebfahrzeuge	10
Bedarf n. Laufpl.	41
Laufkm/Tag	324

Lpl Nr/km	Baureihe	Tag	0	1	2	3	4	5	6	7	8	9	10	11	12	13	14	15	16	17	18	19	20	21	22	23	24
395	41	1	Wanne-E.	6371	39	Hamm	7125	24	Osnabrück	2	Wanne-Eickel	5032	14	Wanne-Eickel	5005	43	Hamm	2	7117	23	Osnabrück			
556		2	5512	42	Wanne	5	49	5108	20	Köln-Gereon	56					Wanne-E.	5117	26			5510	42		33
348		3	Wanne-Eickel	52	5512	13				Aachen West	25		5117	3			59	Wanne-Eickel					6867	41
254		4	6867	Osnabr.	58	5120	59	Osnabrück			Wanne-Eickel					5237	33			5328		
434		5	5328 55	Gelsenk. 19155	14	5519	43	5224 Daily H	42	5003	59	Hamm 10326	0	Dortmund-Oberevg	41	Wanne-E.	5402	24		5037	49		
404		6		10 18	Wanne-Eickel	45	20	10059 32	80811 43 13/52	101	10001	44 25		5502	13	6896	39		6863	36	Osnabrück	8		
414		7	5099	101		6853	6 100001 26	Wanne-Eickel	38	5107	50	Wanne-Eickel		5502			42			Aachen-West	39	Wanne-Eickel	28	5019	20
269		8		50	Gelsenkirchen 45 3	Osnabrück	38	Wanne-Eickel	Osnabrück	37	Wanne-Eickel		5002	14			42	Wanne-Eickel					
357		9		58		6872	56		20		16					Köln-Gereon	12029 33	10001 Duisburg Hbf 54	6087	57		36		5513	
308		10	Osnabrück	34														Wanne-Eickel			Wanne-Eickel			

948 A01 Laufplan der Triebfahrzeuge A 4 a III 100 Karlsruhe X 69 30000 A 101

41 048	15.05.52-24.07.52
174	12.04.67- Z 02.02.69
197	14.05.67- Z 29.09.67
216	05.06.40-28.02.41
217	05.06.40-28.02.41
246	14.05.67-27.06.68
	.68- Z 01.03.69
268	22.06.52-01.07.52
293	13.05.67-10.11.67
305	17.05.67- Z 14.07.67
353	06.02.68- Z 30.03.68

in Wedau kaum erbringen können.

Anders und mit einem weitaus größeren Lokbestand ging es in WANNE-EICKEL zu. Im Jahre 1944 kamen hier erstmals 41 085, 087, 091, 092 zum Planeinsatz. Der Abzug von 41 aus der RBD Essen machte einer weiteren Bewährung vorerst ein Ende. Ab 1950 kam es erneut zu Dienstleistungen der Baureihe 41. Zu Beginn der 50er Jahre kamen sie hier wie anderswo auch im Schnellzugdienst zu Ehren. Die Übersicht der im Sommer 1955 geführten Reisezüge weist u.a. folgende 41-Planleistungen auf: D 57 Köln − Dortmund, D 496 Osnabrück − Essen, D 497 Essen − Osnabrück, E 744 Sa/E 743 So Dortmund − Wiesbaden und zurück. Sonst waren die Lokomotiven überwiegend vor schnellfahrenden Güterzügen mit leicht verderblichen Versorgungsgütern (Viehzüge, Bananenzüge) von Kirchweyhe in Richtung Westen eingesetzt. Der abgebildete Laufplan aus dem Winterschnitt 1965/66 weist beträchtliche Tagesleistungen zwischen Osnabrück und Aachen/Köln auf.

Nachstehende Lokomotiven waren in Wanne-Eickel eingesetzt:

41 014	12.02.59-05.02.68
027	21.03.53-30.10.53
	19.01.54-11.05.54
	17.05.54-21.02.62
045	07.11.49-19.12.49
	10.01.50-15.05.54
	11.09.54- Z 21.12.65
046	28.07.52- Z 20.07.66
048	25.07.52-19.12.53
073	21.01.50-09.04.61
085	01.02.44-27.07.44
087	05.01.44-18.09.44
	07.03.62- Z 11.05.67
091	31.12.43-14.08.44

41 092	19.01.44-22.08.44
097	29.05.51-23.01.61
107	03.09.60-21.02.62
114	21.03.53-11.05.54
	04.11.54-31.10.57
	01.06.58- Z 01.11.66
164	13.11.57-28.07.58
174	20.10.60-11.04.67
191	03.03.49-25.04.53
	11.09.53-25.08.60
197	25.10.57-27.05.65
	28.09.65-13.05.67
219	04.10.58-07.10.59
236	05.08.58- Z 17.03.67
244	10.12.60- Z 12.05.67
246	29.09.50-13.05.67
268	15.05.49-23.05.52
	02.07.52- Z 06.03.67
293	15.02.62-12.05.67
297	26.04.62- Z 30.05.67
305	13.06.49-16.05.67
310	16.05.49-22.06.60
318	28.01.49-28.03.62
320	13.06.49-17.10.60
331	06.04.61- Z 25.02.67
343	14.02.50-15.02.68
347	13.05.49-27.06.60
353	05.04.51-19.12.53
	15.12.59-05.02.68
354	01.09.60- Z 03.01.66
359	11.01.52-06.08.54
361	03.01.52- Z 29.05.67
365	07.06.50-27.05.65
	26.09.65- Z 30.05.67
366	09.01.52- Z 10.08.67

RBD/BD FRANKFURT/MAIN

Aus der Neulieferung erhielt das Bahnbetriebswerk HANAU die nachstehend aufgeführten sieben Lokomotiven

41 172	28.02.39- .05.41
173	15.03.39-25.05.41
174	.04.39- .05.41
175	.04.39- .10.41
176	12.04.39-13.06.41
177	.04.39- .06.41
178	.05.39- .05.41

die schon alsbald nach Osnabrück Hbf abgegeben wurden. Für lange Zeit wurde der Frankfurter Raum nur von 41 fremder Direktionen angefahren. Das Jahr 1964 machte den Ersatz der BR 39 beim Bw LIMBURG akut. Da mit Diesellokomotiven damals keine ver-

Laufplan der Triebfahrzeuge

BD Frankfurt/M
MA Wiesbaden

Heimat-Bw: Limburg (L)
Einsatz-Bw:
gültig vom 31.5.1964 bis
Verkehrstag: W

Personaleinsatz-Bw: Koblenz-Mosel

Laufplan Nr	35.01									
Triebfahrzeuge	Zahl	BR	Zahl	BR	Zahl	BR	Zahl	BR	Zahl	BR
Bedarf n. Laufpl.	9	41								
Laufkm/Tag	255,3									

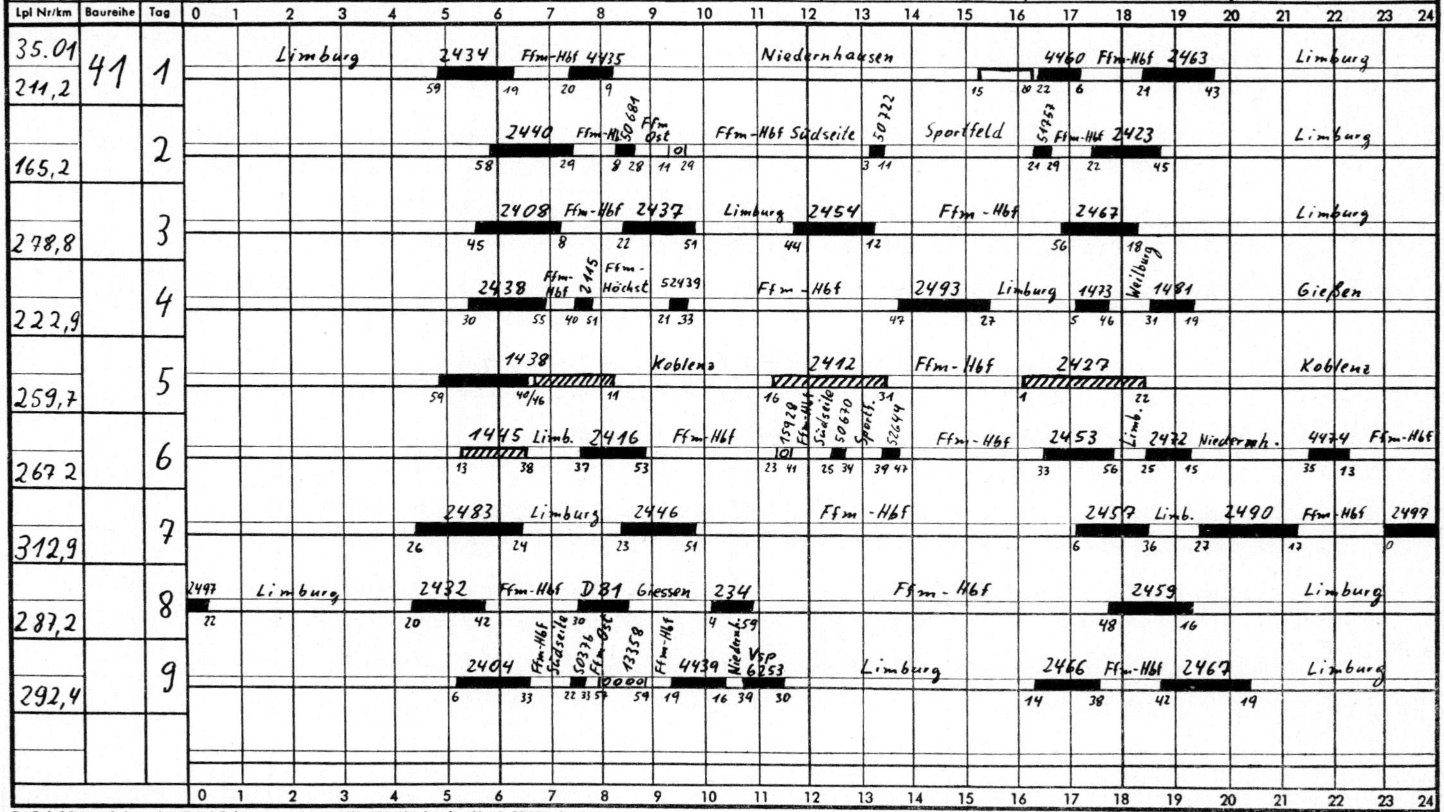

948 A 01 Laufplan der Triebfahrzeuge A 4 q Hl 100 Karlsruhe X 69 30000 A 101

gleichbar leistungsfähigen Triebfahrzeuge in ausreichender Anzahl bereitstanden, mußte die DB auf die universalverwendbare Baureihe 41 zurückgreifen, welche im oberhessischen Raum frei wurde. Demzufolge setzte das Bw Limburg zwischen 1964/67 ein:

41 007	22.05.64-13.09.65
016	03.09.66- Z 06.04.67
047	29.05.64- Z 30.04.67
109	13.11.64- Z 22.03.67
139	05.06.64- Z 18.05.66
156	16.07.64- Z 25.05.67
160	02.06.64- Z 30.05.65
207	13.10.65- Z 30.05.67
216	27.05.64- Z 06.11.64
238	01.06.64- Z 11.02.65
252	03.12.66- Z 23.01.67
281	11.07.64-27.06.65
294	29.05.64- Z 14.04.67
319	21.10.63-20.11.63
	29.05.64- Z 02.09.66
328	12.06.64- Z 05.10.65
341	29.07.64- Z 01.12.66
345	22.05.64- Z 14.03.67

Daß diese Lokomotiven nahezu ausschließlich die Reisezugförderung zwischen Limburg — Frankfurt und Richtung Koblenz bewältigten, geht aus dem Laufplan Sommer 1964 hervor. In Limburg waren nur Lokomotiven mit Altbau- oder Nachbaukesseln beheimatet. Als letzte schied die 41 207 am 30.5.67 aus dem Dienst, nicht ohne vorher eine Abschiedsfahrt für Eisenbahnfreunde geleistet zu haben.

Aus dem Bw DILLENBURG ist vom 01.07.46 bis 31.08.47 die 41 206 zu melden, welche dort jedoch nur als Z-Lok abgestellt stand.

Die in Gießen stationiert gewesenen

41 101	10.08.45-10.09.46
146	20.07.46-08.11.48
216	.07.45- .09.46

dürften gleichfalls nicht betriebsfähig gewesen sein.

RBD GREIFSWALD

Im Spätsommer 1945 wurde die RBD Greifswald bedingt durch die Abtrennung und Angliederung der Gebiete östlich der Oder an Polen im Bereich der damaligen sowjetischen Besatzungszone neu gebildet. Zur RBD Greifswald gehören seither die westlich der Oder befindlichen Regionen der vormaligen RBD Stettin sowie Teilgebiete Mecklenburgs aus der RBD Schwerin.

Von den der neugebildeten DR-Direktion zugehörigen Bahnbetriebswerken sind die nachstehenden Stationierungen von Lokomotiven Baureihe 41 bekannt:

ANGERMÜNDE

41 013	01.12.58- .72
120	26.09.68-02.11.69
128	30.09.68- .74
147	10.08.68- .70
256	06.12.47-13.04.48
329	08.06.68-01.11.69

Aus ELBERSWALDE verdient Erwähnung

41 329   02.11.69-25.09.70

NEUBRANDENBURG wurde von 1967 an wichtige Heimatdienststelle für die 41. Neben den vermerkten Lokomotiven

41 013	.12.72-
022	29.06.67-?
061	21.09.71-
062	22.12.67-
067	09.06.67- .72
070	08.06.67-15.11.71
119	27.07.55-28.08.55
120	04.02.70-
141	23.09.67-
147	18.02.73-
171	01.11.67- .71
182	17.11.67-
272	01.06.67-?
303	11.06.67-
311	04.07.67-
326	13.06.67-
329	17.02.73-
332	03.10.69-

waren am 01.10.74 dort beheimatet: 41 066, 128, 134, 285, 314. Noch im Vorjahr hatten die inzwischen ausgemusterten 41 184 und 321 zum Neubrandenburger Bestand gezählt.

Vom Bw NEUSTRELITZ versahen zwischen Saßnitz/Rostock — Seddin Dienst:

41 120   09.06.60-30.04.68

41 125	16.07.67-17.07.67
141	21.05.61-22.09.67
147	22.05.60-30.04.68
171	06.06.61-31.10.67
272	24.05.62-22.11.62
314	01.01.60-23.07.64
326	19.01.60-08.04.65
332	12.07.67-27.07.67

Aus PASEWALK sind zuverlässig bekannt:

41 185	26.07.55-22.08.55
256	16.04.48- .11.48
329	11.12.47-12.07.48

Das bedeutsamste Bahnbetriebswerk des Bezirks Greifswald liegt in STRALSUND zur Zugförderung auf den Strecken Richtung Berlin, Rostock und Saßnitz/Rügen. Hieraus resultiert die Vielzahl der stationierten

41 008	30.07.59-18.02.66
022	05.09.63-28.06.67
036	05.06.58-21.08.58
062	26.04.59-08.10.67
064	28.09.58-17.10.59
066	24.10.56-19.09.70
067	14.07.57-14.04.67
070	20.08.58-18.02.61
	12.09.63-02.02.66
120	27.07.56-07.01.60
125	29.05.70-08.10.72
147	10.08.56-22.02.60
	.02.70-17.02.73
171	28.07.55-22.08.55
182	10.01.64-08.10.67
256	01.12.48-20.10.56
272	07.08.53-23.07.56
	23.11.62-30.03.67
273	20.06.58-27.08.58
284	31.12.48-06.05.59
303	01.11.59-10.05.67
311	13.03.57-10.05.67
314	24.07.64- .73
326	01.06.65-28.04.67
329	27.01.49-01.04.54
	26.09.70-17.01.73

Als letzte verließen 1973/74 41 066, 147, 285, die in obiger Darstellung nicht vollständig und exakt zu erfassen waren, Stralsund durch Umbeheimatung nach Neubrandenburg.

RBD HALLE

Der RBD Halle wurden in ihren Vorkriegsgrenzen mit 42 Stück die weitaus meisten 41 zugeteilt (41 114-136, 224-228, 254-267). Bei Kriegsende waren die Lokomotiven vielerorts bereits wieder abgezogen. Seit 1960 ist die Baureihe 41 bei der RBD Halle nicht mehr vertreten.

In den ersten beiden Nachkriegsjahren stellte BITTERFELD einige 41 als Kolonnenlok für die Beförderung sowjetischer Besatzungszüge und zwar

41 033	? .46	
035	16.08.45-09.12.45	Kolonne 16
036	10.02.47- .47	
119	01.10.45-18.01.46	Kolonne 16
125	16.08.45-09.12.45	Kolonne 16
126	16.09.45-09.12.45	Kolonne 16
148	01.12.45-12.03.47	Kolonne 17
256	27.04.46-22.01.47	Kolonne 17
260	02.02.46-09.03.47	Kolonne 17
326	16.08.45-09.12.45	Kolonne 16
329	16.09.45-09.12.45	Kolonne 16
332	16.09.45-09.12.45	Kolonne 16

Bis zur Neugründung der RBD Cottbus nach 1945 gehörte das Bahnbetriebswerk COTTBUS zur RBD Halle. Der Dienststelle wurden fabrikneu zugewiesen 41 224-228, 254-262. Bald kamen aus Engelsdorf 41 135-136 und andere Maschinen aus Halle und Falkenberg hinzu.

An genauen Stationierungsdaten sind bekannt:

41 035	31.01.42-05.03.45
125	27.02.40-05.03.45
126	29.02.40-15.09.45
128	28.07.44-03.03.45
135	02.07.40-16.04.43
185	21.12.45-06.04.46
224	22.06.40- .04.43
226	.06.40- .04.43
254	11.12.39- .04.43
255	14.12.39-12.10.42
256	18.12.39- .02.41
?	-04.03.45
239	24.12.39- .43
260	06.01.40-16.04.40
261	07.01.40-26.02.40
287	28.08.43-12.03.45
288	31.08.44-30.01.45
289	21.07.44-18.03.45
332	04.02.42-06.03.45

Cottbus setzte seine Lokomotiven in Richtung Görlitz, Berlin, Dresden, Falkenberg, Glogau und Frankfurt/Oder ein.

Aus EILENBURG sind zwei Kolonnenlok nachgewiesen:

41 148	09.11.45-30.11.45 Kolonne 17
260	16.09.45-23.12.45 Kolonne 17

Kurz währte die Stationierung der 41 135 und 136 in ENGELSDORF. Der Einsatzzeitraum ist nur bei 41 135 (21.06.39-01.07.40) belegt.

Für die Zugförderung auf den Strecken Richtung Berlin, Cottbus, Leipzig, Riesa und Elsterwerda erhielt 1939 das Bahnbetriebswerk FALKENBERG die Lokomotiven 41 114-123, 128-130. Der Einsatz dauerte bis zum Ersatz mit Lokomotiven BR 52 im Jahr 1944. Zu weiteren Stationierungen kam es zwischen 1946 und 1947.

41 033	22.11.42-19.07.44
114	05.04.39-30.04.44
116	22.04.39-30.04.44
119	18.04.39-22.05.44
120	20.04.39-20.07.44
122	28.04.39-28.02.42
128	16.05.39-05.06.44
	11.04.46-22.07.47
200	02.03.47-12.05.47
255	25.05.43-06.11.43
265	06.08.46-05.05.47
276	18.02.47-12.05.47
287	18.02.46-08.05.47
288	29.03.40-26.07.44
289	01.06.40-25.02.42

HALLE erhielt als Anteil aus dem Neubaulos 41 124-127, 131-134, 263-267. Bei einem etwa gleichbleibenden Planbedarf verblieb die BR 41 bis 1945 in Halle.

41 008	09.08.43-16.11.43
033	20.07.44-?
035	06.03.45-15.08.45
064	09.08.43-03.12.44
066	01.12.45-15.12.45
119	22.07.44-30.09.45
120	21.07.44-?
125	06.05.39-26.02.40
	06.03.45-15.08.45
126	07.05.39-28.02.40
41 128	04.03.45-10.04.46
256	05.03.45-15.08.45
260	17.04.40-14.09.45
261	27.02.40-15.08.45
	01.04.59-19.12.60
263	11.01.40-15.08.45
	01.10.45-14.11.45 Kolonne 27
265	13.01.40-15.08.45
266	01.02.40-08.11.45
267	31.01.40-10.01.46
287	13.03.45-15.08.45
289	10.03.45-?
329	? -15.09.45
332	07.03.45-15.09.45

Verwendung fand die Baureihe 41 auch bei den verschiedenen Bahnbetriebswerken Leipzigs. Es gilt zu erwähnen

LEIPZIG HBF WEST

41 008	17.11.43-31.05.44
	28.12.57-11.03.59
022	07.06.57-31.01.59
035	01.03.58-26.02.59
036	10.05.56-13.02.58
	22.08.58-26.02.59
064	21.02.58-16.03.58
255	14.11.43-30.04.44
263	15.11.45-04.04.46
267	27.02.58-13.03.58
289	08.05.47-16.06.47

LEIPZIG HBF SÜD
41 022 01.02.59-26.06.59

LEIPZIG NORD
41 122 25.01.44- .11.44

LEIPZIG BAYRISCHER BF
41 256 24.10.45-17.03.46

LEIPZIG-WAHREN
41 263 05.07.46-06.05.47

Ein nur kurzes Gastspiel gaben die nachbenannten Lokomotiven in WITTENBERG

41 033	21.01.46-21.04.47
064	21.09.45-07.01.46
070	29.01.46- .47
122	22.12.44- .45
189	23.02.46-03.08.46

Abschließend bleibt für die RBD Halle der Zugang der 41 003 am 12.09.42 aus dem Bezirk München zu berichten.

RBD/BD HAMBURG
Bei dieser Direktion mit ihrem bedeutenden Güterumschlag von Schiff auf Schiene und Abfuhr wichtiger Versorgungsgüter ins Hinterland kam eine schnellfahrende Güterzuglokomotive wie gerufen. So kann es nicht verwundern, daß bei der Erstzuteilung gleich drei Hamburger Bahnbetriebswerke berücksichtigt wurden. Die fortschreitenden Kriegsereignisse mit dem Ausfall der kommerziellen Nutzbarkeit des Hamburger Hafens veranlaßten 1944 den Abzug der BR 41 aus der RBD Hamburg. Mit dem Wiederaufbau kehrte 1950 auch die 41 zurück.

Über die Leistungen der in HAMBURG-ALTONA eingesetzt gewesenen Lokomotiven

41 048	04.08.39-15.01.40
158	11.06.52-21.09.52
193	.04.44-10.05.44
210	09.06.50-23.08.50
270	09.06.50-22.08.50
	11.06.52-19.09.52
290	04.12.39-20.01.40
291	03.12.39-26.12.42
323	28.11.43-03.07.44
344	19.08.52-22.09.52
355	30.01.44-25.08.44
357	27.01.44-24.08.44
358	27.11.43-25.08.44
359	28.01.44-06.06.44
360	28.01.44-06.06.44

war leider nichts zu ermitteln. Es liegt die Annahme nahe, daß die 41er hier nur der Verstärkung des Reisezuglok-Bestandes gedient haben.

Von HAMBURG-HARBURG aus verrichteten

41 049	06.08.39-09.07.41
050	09.08.39-16.07.41
051	11.08.39-09.07.41
052	26.08.39-13.07.41
198	.03.40- .41
199	.03.40- .41
201	.04.40- .41
202	06.04.40-22.07.41
356	16.06.40-12.06.41

den Eilgüterzugdienst in Richtung Hannover und Bremen.

Den stärksten Einsatzbestand wies bis 1944 das Bw HAMBURG-ROTHENBURGSORT mit folgenden Lokomotiven auf:

41 017	26.03.42-10.05.44
026 Z	03.11.67-02.10.68
046	02.08.39-17.01.44
047	04.08.39-07.03.44
048	16.01.40- .01.44
049	08.07.43-24.01.44
050	24.10.43-20.01.44
100	09.11.43-28.05.44
101	09.11.43-28.05.44
104	20.01.42-11.05.44
105	21.01.42-27.02.44
109	22.01.42-18.01.44
112	30.01.42-16.07.43
113	21.01.42-31.01.44
167 Z	23.11.67-20.06.68
193	22.10.43- .04.44
194	06.04.42-12.05.44
200	31.03.40-30.08.44
290	21.01.40-30.08.44
291	31.01.43-23.08.44
323	12.01.40-27.11.43
	04.07.44-30.08.44
324	06.01.40-30.08.44
353	05.05.40-?
354	10.05.40- .08.44
355	14.06.40-20.01.44
357	25.06.40-30.09.43
358	11.07.40-26.11.43
359	19.07.40-27.01.44
	07.06.44-26.08.44

Ihnen oblag die Güterzugförderung nach Wittenberge-Berlin.

Um 1950 übernahmen 41 beim Bahnbetriebswerk HAMBURG-EIDELSTEDT die Leistungen auf den Strecken nach Kiel, Flensburg, Hannover und Bremen. Einer besonderen Hervorhebung bedarf der Planeinsatz mit 41 vor Schnell- und Eilzügen zwischen Altona und Westerland/Sylt gegen Mitte der 50er Jahre. 1957 kamen in Eidelstedt die beiden ersten Lokomotiven mit Neubaukesseln (41 254, 331) zur Erprobung.

Insgesamt verfügte das Bahnbetriebswerk über

41 002	21.03.53-30.11.63
012	06.11.59-29.10.64
017	16.02.61-29.10.64
019	11.10.62-30.11.63

41 024	11.02.59-14.12.60
026	24.10.56-29.05.65
029	16.03.50-29.05.65
042	16.10.58-09.01.60
	08.02.62-29.05.65
043	21.10.58-30.11.63
049	20.03.53-20.09.53
	20.02.54-20.01.65
050	19.01.61-29.05.65
052	22.06.51-26.07.60
058	.64- .64
059	30.07.58-30.11.63
063	06.11.59-29.05.65
069	26.01.61-01.05.65
084	29.07.51-19.05.55
	10.10.62-30.11.63
085	27.02.58-30.11.63
089	03.01.56-30.11.63
090	07.03.50-24.05.55
	11.04.63-02.12.63
096	16.02.52-04.08.60
098	07.02.63-30.11.63
111	20.09.60-08.05.65
135	15.09.60-23.04.65
145	15.12.56-09.07.58
146	04.07.51-29.05.65
158	21.03.50-10.06.52
	22.09.52-31.05.64
167	08.03.58-25.03.59
	20.09.62-30.11.63
192	31.05.58-06.10.58
210	27.05.50-08.06.50
	10.02.51-11.09.60
213	26.06.50-28.10.57
218	28.08.58-03.01.61
235	24.06.50-31.05.64
248	21.05.54-06.11.59
	21.08.61-07.02.62
	13.05.63-31.05.64
250	11.07.55-27.11.57
	28.01.60-29.05.65
254	24.04.51-05.10.53
	21.10.53-18.05.55
	26.05.55-15.12.56
	17.11.57-24.08.58
259	.05.63- .64
270	20.05.50-08.06.50
	23.08.50-11.06.52
	23.10.52-19.05.58
	13.05.63-15.09.64
315	11.08.58- Z 29.06.64
323	11.11.60-29.05.65
331	24.11.56-10.02.59
342	16.06.54-06.11.59
	14.03.63-26.09.64

41 344	24.01.52-10.07.52
	23.09.52-23.10.56
	28.03.61-26.09.64
348	25.01.52-16.01.65
350	11.02.58-29.05.65
358	03.04.50-09.04.58
364	08.01.52-24.11.60

Zwischen 1963 und 1965 machte die Fortführung der Elektrifizierung die Dampflokomotiven in Hamburg entbehrlich. Die meisten 41er wurden nach FLENSBURG abgegeben, von wo aus sie bis 1968 auf den Strecken Schleswig-Holsteins, aber auch über Hamburg hinaus bis Bremen verkehrten. Den letzten Planeinsatz des Bw Flensburg mit 41 bildete ab 26.05.68 der Zweitagesumlauf: Bremen — Hamburg-Eidelstedt — Flensburg — Flensburg-Weiche — Hamburg-Eidelstedt — Übergabe nach Hbg-Bahrenfeld — Hamburg-Eidelstedt — Flensburg — Fl. Weiche — Hamburg-Eidelstedt — Bremen.

Flensburg war Heimatdienststelle für

41 002	01.12.63- Z 03.03.67
014	06.02.68-18.12.68
019	01.12.63- Z 21.12.68
026	30.05.65- .11.67
029	30.05.65- Z 14.07.67
042	30.05.65- Z 23.02.68
043	01.12.63- Z 26.02.65
049	04.03.68-18.12.68
050	30.05.65- Z 11.04.67
059	01.12.63- Z 23.05.66
063	30.05.65- Z 07.06.66
084	01.12.63- Z .65
085	01.12.63- Z .08.64
089	09.03.64- Z 11.01.67
090	11.12.63- Z .65
098	01.12.63- Z .65
111	25.05.65-28.07.66
146	30.05.65- Z 03.09.67
158	01.06.64- Z 02.08.66
167	01.12.63- Z 04.11.67
235	01.06.64- Z 02.02.68
248	01.06.64- Z 06.04.66
250	30.05.65- Z 14.04.67
259	.64- Z .66
270	16.09.64- Z 12.06.66
323	30.05.65- Z 05.05.69
342	27.09.64- Z 28.12.65
343	16.02.68- Z 01.08.68
344	27.09.64- Z 01.12.67
348	10.02.65- Z 26.01.68
350	30.05.65- Z 16.05.66

In LÜBECK war die BR 41 zunächst vorwiegend im Reisezugdienst eingesetzt. Bis zum Einsatz durch die V 200 bewältigten 41 die gesamte Schnellzugförderung zwischen Großenbrode Kai und Lübeck/Hamburg Hbf. Die Lokomotiven

41 012	07.05.56-05.11.59
019	26.05.55-10.10.62
020	03.05.45-25.04.48
026	18.04.55-11.10.56
042	05.02.60-12.12.61
063	21.05.55-05.11.59
084	20.05.55-09.10.62
090	25.05.55-10.04.63
098	24.02.58-06.02.63
145	08.08.55-14.12.56
167	26.03.59-04.07.62
213	29.10.57-28.12.58
248	07.11.59-20.08.61
	20.02.62-12.05.63
250	28.11.57-30.11.59
254	19.05.55-25.05.55
	16.12.56-10.11.57
259	.55- .05.63
270	20.05.58-12.05.63
342	07.11.59-13.03.63
344	24.10.56-27.03.61

waren somit die einzigen Güterzuglokomotiven, die planmäßig F-Züge (F171/172, 191/192, 211/212) bespannten.

Zwei 41 (41 049 21.10.53-19.02.54 und 41 254 06.10.53-20.10.53) waren vorübergehend im Bw LÜNEBURG beheimatet.

Bis zur Teilung Deutschlands gehörte auch WITTENBERGE zur RBD Hamburg. Die dortigen 41 bewältigten im Verein mit den Lokomotiven aus Hamburg-Rothenburgsort den schnellen Güterverkehr zwischen Hamburg und Berlin. Bis 1944 waren in Wittenberge stationiert (keine vollständige Aufzählung):

41 046	18.01.44-08.05.44
047	08.03.44-08.05.44
048	26.01.44-25.06.44
049	10.07.41-07.07.43
	25.01.44-08.05.44
050	18.07.41-23.10.43
	21.01.44-09.05.44
051	10.07.41-03.01.43
052	14.07.41-04.11.43

41 106	27.02.44-04.05.44
109	19.01.44-04.05.44
113	01.02.44-14.05.44
193	17.03.42- .10.43
195	18.02.42-10.05.44
202	23.07.41-28.08.44

RBD/BD HANNOVER

Nicht zahlenmäßig, sondern im Bezug auf die 21 Heimatdienststellen kann im Bezirk Hannover auf den verbreitetsten Einsatz der Baureihe 41 verwiesen werden. Erstbeheimatungen erfolgten in Lehrte, Minden und Wesermünde (= Bremerhaven) – Geestemünde. Verdrängt durch die fortschreitende Elektrifizierung und Verdieselung erlebte Hameln den letzten Einsatz der BR 41 im Bereich des bei der Bundesrepublik Deutschland verbliebenen Teils der ehemaligen RBD Hannover. Von dem am 1.4.1974 durch Auflösung der BD Münster zu Hannover gelangten Bw Rheine mag an anderer Stelle die Rede sein.

Das Bahnbetriebswerk BIELEFELD kann „erst" seit 1950 auf die Zugförderung mit der Baureihe 41 zurückblicken. Zuerst erbrachten die Maschinen die höherwertigen Leistungen zwischen Hamm und Hannover, welche später ab 1958 der Baureihe 23 zugewiesen wurden. Zu ihren Aufgaben gehörte neben der für 41 allgemein üblichen Beförderung von Eilgüterzügen der Personenzugdienst um Bielefeld, zeitweise auch der Einsatz vor D 105/106 auf dem Streckenabschnitt Hamm – Bielefeld. Nach 1958 wurden die 41 nur noch in Ergänzung der BR 23. wie es der Laufplan aus dem Jahr 1960 aufzeigt, eingesetzt. Mit der Beförderung des Ng 8882 nach Osnabrück traten die 41 gar die Nachfolge von Lokomotiven BR 56.20 und 93 an.

Das Bw Bielefeld setzte ein:

41 020	01.06.50-24.04.59
023	06.05.50-09.05.53
058	.06.50- .63
	.64- Z .04.66
085	09.05.50-03.01.58
088	05.06.59-31.05.66
092	18.10.54-31.05.66
095	11.05.50-23.12.57
163	03.12.61-31.05.64
167	11.05.50-09.02.58
172	.61- 05.64

Deutsche Bundesbahn
Laufplan der Triebfahrzeuge

BD	Hannover
MA	Minden / W.
Heimat-Bw	Bielefeld
Einsatz-Bw	
Personaleinsatz-Bw	

Verkehrstag: W
gültig vom 29.5.60 bis .....

Laufplan Nr	81.01		81.02		81.03	
Triebfahrzeuge	Zahl	BR	Zahl	BR	Zahl	BR
Bedarf n. Laufpl.	4	23	2	23	4	41
Laufkm/Tag	419		390		393	

41 175	23.05.50-28.10.57
177	09.08.50-20.05.54
196	.06.65- Z .04.66
214	24.05.50-18.01.58
217	16.05.50-16.01.58
233	13.05.50- .12.50
237	02.06.50-30.10.58
243	01.12.58-31.05.64
295	25.11.52-01.03.59
297	06.05.50-15.01.58
309	29.06.63-24.06.64
324	11.05.50-20.05.54

Ebenfalls erst in der Nachkriegszeit kam die BR 41 in BRAUNSCHWEIG HBF. zu Ehren. Zum Ersatz der abgestellten Schnellzuglokomotiven, auf die man wegen ihrer speziellen Verwendbarkeit nicht zurückgreifen wollte, reichte die 41 mit ihrer Höchstgeschwindigkeit von 90 km/h durchweg aus. Noch 1955 beförderten 41er verschiedene D- und E-Züge zwischen Helmstedt und Braunschweig/Hannover oder Paderborn/Altenbeken — Braunschweig. Nach dem Neubau des Hauptbahnhofs in Braunschweig kehrten einige Maschinen ab 1963 zum Bahnbetriebswerk Braunschweig 1 (ehemals: Braunschweig Vbf) zurück. Unter Braunschweig Hbf sind einzureihen:

41 010	01.12.46-22.08.47
014	04.03.48-15.07.48
023	21.11.45-05.01.46
	28.07.55-04.08.55
	25.06.64-22.12.64
024	08.08.45- .45
026	13.09.45-03.10.48
	09.01.50-24.10.54
028	12.12.46-03.10.48
032	17.10.46-03.10.48
	11.05.49-13.05.49
	15.01.55-21.05.55
	25.05.55-02.06.55
059	31.10.45- .46
063	.09.45- .45
072	28.03.48-04.08.48
086	13.09.50-25.07.51
	03.09.51-23.09.52
088	03.03.48-08.12.48
	07.09.66- Z 13.05.68
091	05.02.55-30.11.56
092	05.08.53-14.12.53
093	11.03.48-19.08.48
100	27.08.63-27.09.63
	08.07.65-22.09.65

41 157	28.03.48-03.10.56
160	23.02.48-03.10.56
168 abg.	23.02.48- .06.48
169	28.03.48- .07.48
176	22.09.46-24.06.48
193	.01.66- Z 08.09.66
194	26.06.54- .01.58
197	07.02.47-23.09.52
	05.08.55-03.11.55
199	.45-06.10.48
202	.04.45-23.06.49
207	23.02.48-01.08.48
208	04.03.66- Z 17.04.67
209	01.05.46- .48
211	05.05.45-05.01.46
	20.01.46-07.08.49
	29.09.65- Z 01.03.66
215	23.02.48-29.10.48
223	19.02.48- .12.48
229	02.04.47 .58
234	.45- .02.58
236	.06.45-01.01.46
239	.06.45- .01.46
241	29.06.46-16.12.48
249	13.11.46-04.12.47
250	02.11.49-09.01.50
251	11.03.48-28.10.48
	23.09.65- Z 30.12.65
294	11.03.48-02.12.48
295	18.01.47-24.11.52
301	16.08.46-03.10.48
	24.06.49-02.11.56
307	05.05.45-15.03.46
	07.05.46-10.10.56
334	24.02.47-17.05.49
336	.03.49-09.05.49
337	13.05.50- .52
340	29.05.46-11.09.56
346	04.03.48- .12.48
360	03.03.48-23.09.48
	03.11.49-01.08.56

Lokomotiven derselben Gattung waren zugleich auch beim Bw BRAUNSCHWEIG VBF im Güterzugdienst eingesetzt. Zu nennen sind:

41 014	16.02.55-16.10.57
026	04.10.48-21.11.49
028	04.10.48-05.08.49
032	04.10.48-10.05.49
	14.05.49-23.02.50
091	19.12.56-10.01.58
157	24.10.56-24.02.58
160	28.06.49-05.08.49
176	19.01.49-14.09.52

41 202	24.06.49-21.09.49
209	24.10.48- .49
211	08.08.49-17.08.49
241	27.01.49-22.09.49
301	04.10.48-23.06.49
	22.11.56-23.03.58
307	25.10.56-16.01.58
336	11.03.48- .01.49
340	13.10.56-10.04.58
360	03.11.48-10.05.49
	18.08.56-13.04.58

Über die sogleich nach Kriegsende in BREMEN HBF stationierten 41 liegen keine verläßlichen Angaben vor. Sie dürfte den spärlichen Reisezugdienst dieser Tage bewältigt haben, ebenso wie den zu späteren Zeitpunkten erschienenen 41ern der Charakter einer Reisezugreserve beizumessen ist. Zusammen trafen in Bremen Hbf

41 039	.45- .46
051	06.03.45-08.08.46
060	.45-23.06.46
072	16.05.53-23.05.55
100	18.02.55-21.03.55
108	01.08.45-13.07.46
113	11.06.54-19.05.55
160	12.05.53-25.05.55
173	28.08.45-14.05.46
	05.08.63-02.10.63
193	16.08.45-14.05.46
202	12.05.53-27.04.55
237	14.08.63-20.09.63
238	03.08.45-09.08.46
250	25.06.55-10.07.57
255	.08.45- .46
294	15.05.53-19.05.55
320	17.08.45-22.06.46
339	09.09.45- .05.46
345	28.08.45-14.05.46

Von einer Lokomotive abgesehen (41 108) kamen die in BREMEN RBF zu verzeichnenden Lokomotiven vorübergehend oder bis zu ihrer „Z"-Stellung aus Bremerhaven-Lehe. Ein Planbedarf hat für

41 020	01.05.69- Z 15.05.69
072	01.05.69-30.11.69
108	13.07.46-08.08.46
212	01.05.69- Z 09.10.69
282	01.06.69-30.11.69
300	01.05.69-26.09.69
	Z 27.09.69-30.11.69

41 338	12.06.69-30.11.69
346	12.06.69-30.11.69

nicht bestanden.

Der Fischerei- und Südfruchtumschlag in Bremerhaven bedingte zur raschen Bedienung der Verbrauchermärkte den Einsatz der schnellfahrenden BR 41 beim Bw Bremerhaven (fr: Wesermünde)—Geestemünde. Da der Krieg dieser Zweckbestimmung ein frühes Ende bereitete, wurden die sogleich nach Abnahme angelieferten Lokomotiven bald abgezogen. Ab 1950 fanden 41er zu ihrem ursprünglich vorgesehenen Einsatz zurück. Sie beförderten vornehmlich die sogenannten Bananenzüge Richtung Hannover und Osnabrück — Ruhrgebiet. Bis zur Auflösung des Bw Bremerhaven-Geestemünde am 1.10.1966 wurden hier eingesetzt:

41 020	02.07.59-30.09.60
021	15.10.58-01.02.59
023	18.07.39-26.09.39
024	24.06.39-27.09.39
025	25.06.39-28.09.39
026	27.06.39- .09.39
027	29.06.39-29.09.39
028	29.06.39-29.09.39
	18.06.59-30.09.66
037	30.04.59-21.09.66
041	15.10.58-02.09.60
051	02.06.58-30.09.66
072	02.06.55-30.09.66
083	21.12.50-30.08.60
086	17.09.58-30.09.60
088	11.01.52-04.06.59
100	22.03.55-19.02.58
113	15.07.55-26.02.59
160	26.05.55-23.06.60
169	09.01.52-03.10.57
173	10.06.60-15.10.61
	01.12.61-04.08.63
	03.10.63-30.09.66
175	15.01.58-07.08.58
190	23.06.60-30.09.66
196	.57-10.06.60
204	04.07.50-23.06.60
205	10.01.52- .06.55
208	29.06.50-01.06.55
212	21.07.50-30.09.66
214	03.08.60-06.09.66
226	05.04.52-11.06.60
233	21.12.50-06.01.59
	10.02.59-30.09.66

41 237	01.12.58-05.04.58			
	22.10.60-13.08.63			
	21.09.63-30.09.66			
239	07.10.60-30.09.66			
243	29.09.58-29.11.58			
247	03.09.60-31.05.63			
250	04.10.50-24.06.55			
292	29.07.50-03.06.60			
294	02.06.55-25.06.60			
295	11.06.59-30.09.66			
300	01.06.59-30.09.66			
307	02.06.60-30.09.66			
317	25.06.60-30.09.66			
322	08.08.58- Z 02.03.66			
324	20.12.56-30.09.66			
356	17.02.58-31.08.58			
362	.59- .64			

Die bis zuletzt verbliebenen Lokomotiven wechselten nach BREMERHAVEN-LEHE. Es waren dort beheimatet:

41 020	01.10.66-30.04.69
028	01.10.66-07.12.66
037	22.09.66- .68
051	01.10.66- Z 02.12.68
072	01.10.66- .69
086	01.10.66- Z 05.09.68
173	01.10.66- Z 20.03.68
190	01.10.66- .03.67
212	01.10.66-30.04.69
233	01.10.66- Z 02.03.67
237	01.10.66- Z 02.03.67
239	01.10.66- Z 08.07.67
282	06.12.68-31.05.69
295	01.10.66-07.12.66
300	01.10.66-30.04.69
307	01.10.66-07.12.66
317	01.10.66- Z 24.05.67
324	01.10.66- Z 15.02.67

Göttingen, das bis 1945 der RBD Kassel zugehörig war, wuchs als britisches Besatzungsgebiet der Direktion Hannover zu. Das Bahnbetriebswerk GÖTTINGEN PBF setzte seine 41 über die Dauer von 24 Jahren auf der Nord-Süd-Strecke Hannover/Braunschweig — Göttingen — Würzburg/Kassel ein. Nicht viele Lokomotiven erlebten das Ende des Dampfbetriebes und die Monotonie der Elektrifizierung auf ihrer Stammstrecke. Die letzten 12 Maschinen wurden während der Sommermonate 1963 vor ihrem endgültigen Abzug aus Göttingen zum Bw Rbf umbeheimatet.

Nach GÖTTINGEN PBF gehörten:

41 014	01.04.39-01.12.42
015	18.04.39-01.12.42
016	25.04.39-28.11.42
017	30.04.39-26.02.42
028	19.08.49-28.04.53
031	26.07.44-09.08.46
032	03.06.55-25.05.63
039	.47- .05.63
044	26.02.55-03.05.63
048	07.04.45-10.08.46
056	30.04.49-24.09.52
060	24.06.46-15.01.48
072	30.09.49-15.05.53
086	30.09.49-12.09.50
093	30.09.49-25.05.63
100	20.02.58-27.05.63
114	01.05.44-08.05.46
116	01.05.44-09.08.46
160	19.08.49-11.05.53
172	14.05.49- .62
188	17.01.50-19.03.63
190 abg.	.07.45-?
196	.48-?
197	12.05.42-30.11.42
	13.06.56-24.10.57
198	.48-25.05.63
199	07.10.48-27.05.63
202	22.09.49-11.05.53
207	30.09.49-12.11.53
209	01.10.49-25.05.63
211	19.08.49-05.02.55
215	21.01.49-25.05.63
221	30.01.50-10.06.59
	07.07.61-?
223	28.12.48-29.05.63
229	.58- .05.63
233	17.11.45-29.12.45
241	23.09.49-12.06.58
243	25.07.58-28.09.58
250	10.01.50-10.09.50
251	23.12.48-25.05.63
252	13.02.46- .48
?	-26.07.63
253	.05.44- .46
255	01.05.44-15.08.45
294	25.01.49-14.05.53
300	01.05.44- .46
309	01.10.49-28.06.63
317	07.05.44- .46
319	05.05.44-09.05.46
320	05.07.45-06.07.45
	25.06.46-20.09.47
322	04.05.44-28.11.47

65

41 328	22.07.44-09.05.46
334	21.08.49-26.05.61
336	25.08.49-06.08.63
346	16.12.48-09.05.61
356	09.03.50-26.12.57

Hiervon kamen nach GÖTTINGEN RBF

41 032	26.05.63-22.08.63
039	.05.63- .09.63
044	27.05.63-20.07.63
047	.45- .01.46
093	26.05.63-01.10.63
100	04.07.63-26.08.63
188	26.04.63-27.09.63
198	26.05.63- .09.63
199	28.05.63-23.09.63
209	26.05.63-30.09.63
215	26.05.63-28.09.63
229	.05.63- .09.63
251	26.05.63-30.09.63

Nach GOSLAR gelangte als „Z"-Lok die 41 282 vom 03.10.1970 bis zu ihrer Ausmusterung am 02.06.1971.

Während seiner Zugehörigkeit zur RBD Hannover sind beim Bw HALBERSTADT nachgewiesen:

41 020	08.06.44-02.02.45
024	19.03.44-15.02.45
235	20.11.43-20.11.44
236	20.11.43- .45
238	01.01.43- .12.43
	.07.44- .01.45

Unter dem Stichdatum 30.10.1944 sind ferner bekannt: 41 022, 026, 099, 102, 230, 234, 335: am 20.06.45 nur noch: 41 022, 099, 230, 321.

Beim Bahnbetriebswerk HAMELN fand der 41er-Einsatz bei der BD Hannover ein bescheidenes Ende mit

41 028 Z	01.03.70-27.11.70
338	15.05.70- Z 04.12.70
346	23.02.70- Z 08.01.71

Die nachstehend 1945/46 unter HANNOVER OST aufgeführten 41 bewältigten den infolge Kriegseinwirkung ohnehin spärlichen Reisezugdienst, sofern hiervon überhaupt die Rede sein kann. Spätere Stationierungen erfolgten jeweils aushilfsweise.

41 010	.45-30.11.46
018	15.05.45- .46
019	01.02.45-12.05.45
027	05.02.45-13.05.45
028	29.01.45-12.05.45
	29.08.45-17.10.46
	07.08.49-18.08.49
059	26.09.45-30.10.45
063	.45- .10.47
100	10.08.45-28.11.45
113	17.12.52-05.01.53
160	06.08.49-18.08.49
177	25.09.54-03.10.54
	14.06.55-03.07.55
197	22.06.45-09.12.46
202	18.06.55-07.09.55
211	06.01.46-19.01.46
	11.06.55-11.08.55
223	01.04.45-29.11.45
233	31.01.45-13.05.45
	25.07.45-16.11.45
	30.12.45-10.01.46
235	27.03.45-28.11.47
241	23.09.45-27.06.46
290	01.02.45-11.05.45
291	01.02.45-12.05.45
301	10.08.45-15.08.46
306	06.10.45-07.12.47
309	.47- .48
315	21.02.45-23.10.47
323	27.02.45-14.05.45
336	.06.45-27.11.45
340	03.01.46-28.05.46
360	08.03.45-26.11.45

HANNOVER HGBF bespannte mit der BR 41 Güterzüge aller Klassifikationen auf den Strecken nach Altenbeken, Hamburg, Bebra, Braunschweig, Bremen und Bielefeld. Hierüber geben im einzelnen die Laufpläne der Jahre 1956 und 1960 Aufschluß. Daneben wurden 41 als Zuglok des D 1017/18 Hannover — Oebisfelde und zurück und des Expr 3053 Hamm — Hannover bekannt. Am Einsatz des Bw Hannover Hgbf waren beteiligt:

41 021	01.06.59-04.08.60
023	10.05.53-27.07.55
	05.08.55-01.06.56
028	29.04.53- .06.59
037	13.05.58-18.12.58
	.68-28.09.68
041	03.09.60-08.04.62
044	21.07.63- Z 15.08.66
056	25.09.52-31.07.65
086	24.09.52-02.07.58
100	23.09.65- Z 03.02.67
113	27.02.59-11.07.60
145	25.03.53-07.08.55
163	18.09.58-02.12.61
168	21.05.54-25.06.58
176	10.10.52- Z 24.08.65
177	21.05.54-24.09.54
	04.10.54-23.06.55
	04.07.55- .62
	.05.67-?
187	28.05.58- Z 21.04.67
193	01.05.53- .01.66
194	25.05.62- Z 02.10.64
196	.07.62- .64
197	24.09.52-04.08.55
	04.11.55-12.06.56
198	.06.65- Z 17.09.65
202	08.09.55-26.01.58
204	24.06.60-31.05.65
205	.06.55- Z 30.09.66
207	17.01.54-12.10.65
208	02.06.55-03.03.66
209	? - Z .03.65
211	.02.55-10.06.55
	12.08.55-07.11.63
214	11.07.58-19.05.60
215	29.09.63- Z 09.01.67
221	? -06.11.63
223	17.06.65- Z 08.12.66
229	.09.63- Z .02.66
234	31.03.62- Z 17.09.65
251	01.10.63-28.05.64
	10.02.65-22.09.65
282	29.05.59- .05.62
295	08.12.66- Z 04.09.68
307	08.12.66- Z 24.05.67
324	21.05.54-19.12.56
337	24.09.52- Z .04.65
338	08.08.58- .61
340	07.07.61- Z 11.06.65
362	.64- Z 10.04.65

Aus HELMSTEDT sind die nachstehenden 6 Lokomotiven BR 41 zu melden:

41 023	.45- .45
234	.45- .45
307	16.03.46-06.05.46
334	18.05.49-20.08.49
336	10.05.49-24.08.49
360	11.05.49-02.11.49

Wenn auch keine zuverlässigen Unterlagen vorliegen, erscheint die Aussage gerechtfertigt, daß die 41 366 des Bahnbetriebswerks HOLZMINDEN (19.09.46-24.03.47) dort, wie viele Maschinen ihrer Gattung anderswo, nicht betriebsfähig abgestellt war.

Von 1939 an war das Bw LEHRTE eine wichtige Einsatzdienststelle für 41 zwischen Braunschweig — Löhne, Uelzen — Hildesheim. Im einzelnen handelte es sich um

41 016	29.11.42-26.01.43
018	08.06.39-17.02.43
019	10.06.39-16.02.43
	13.05.45-31.05.45
020	13.06.39-17.04.43
021	16.06.39-18.02.43
022	.06.39-?
023	22.06.39-17.07.39
027	14.05.45-01.10.45
028	13.05.45- .45
029	01.07.39-16.02.43
	14.07.45-27.12.45
037	29.09.68- Z 30.09.68
197	01.12.42-24.02.43
209	.45- .46
223	14.05.45-24.07.45
241	20.10.39-21.02.43
242	.10.39- .43
290	12.05.45-25.06.45
291	13.05.45-05.01.46
295 Z	29.09.68-11.12.68
297	.45- .05.46
306	19.06.45-13.09.45
323	15.05.45-27.05.45
340	.45-03.01.46

Das Kriegsende machte auch hier unter der 41-Traktion einen Schlußstrich, ohne daß die kurzfristigen Stationierungen vor Ausmusterung zweier Lokomotiven im Jahr 1968 zu einer neuen Bewährung der Baureihe geführt hätten.

Die nachstehenden 41 fanden ein Unterkommen beim Bahnbetriebswerk Löhne, einem Sammelpunkt für Dampflokomotiven der BD

Deutsche Bundesbahn

Laufplan der Triebfahrzeuge

BD	Hannover
MA	Hannover
Heimat-Bw	Einsatz-Bw
Hannover-Hgbf	
Personaleinsatz-Bw	

Verkehrstag	W
Laufplan Nr	64.21
Triebfahrzeuge Zahl	9
BR	41
Bedarf n.Laufpl.	
Laufkm/Tag	402,7

Lpl Nr/km	Baureihe	Tag
64.21	41	1
419		1
299		2
425		3
505		4
346		5
485		6
439		7
350		8
359		9

Laufplan der Triebfahrzeuge

BD Hannover
MA Hannover
Heimat-Bw Hgbf
Einsatz-Bw Hannover Hgbf
Personaleinsatz-Bw
gültig vom 6.2.56 bis ...

Laufplan Nr 64.02
Triebfahrzeuge Zahl 6 **BR** 41
Bedarf n. Laufpl.
Laufkm/Tag 446,8
Verkehrstag W

Lpl Nr/km	Baureihe	Tag	0	1	2	3	4	5	6	7	8	9	10	11	12	13	14	15	16	17	18	19	20	21	22	23	24
64.02	41	1		Hannover			5144		Bebra				5155			Hannover		5093		Braunschweig			12140 H 51 ½	8398 Lehrte 33	5188	5136 38
519					5136 6			5533	15	Hann. 1 20 13						15	41		32			10			
418		2				Altenbeken 23	5533 30		Hgm/17		5533	20					Hbg-Eidelstedt						Hbg-Harb. 10 26	5188	
586		3		5188		Hann.-Linden 2	5148	Hannover	15	Altenbeken		5185									Hannover		5224			5524 59	
354		4						34				52	9801		10:01 Lehrte 19 44 18	13898 18											
425		5			Uelzen 59	5152	41		1136 22 46 0	5170	41		Hannover		0 54	1017	101 10 22	Vorsfelde 54	22		40 40	Lehrte 14077 0	Hannover	40	31	5179	H.-Lin
382		6		5179 44	27	Bremen			14				Hannover				5155 3			Bremen 4				5144		36

948 A 01 Laufplan der Triebfahrzeuge A 4 q HI 100 Karlsruhe X 69 30000 A 101

Hannover, ehe auch hier der Fahrdraht ein Ende brachte.

41 023	23.12.64-25.05.65
028	08.12.66- Z 01.06.69
032	18.09.63-08.05.67
039	.09.63- Z 10.03.65
041	08.06.65- Z 03.12.66
088	01.06.66-06.09.66
092	01.06.66- Z 01.07.66
093	02.10.63- Z 06.01.66
110	08.06.65- Z 20.03.68
163	01.06.64-19.05.65
172	? - Z 11.08.66
177	10.06.65- .05.67
?	- Z 31.05.68
188	28.09.63-31.07.65
190	.03.67-Z 09.01.69
196	.06.64- .05.65
198	.09.63- .05.65
199	24.09.63-19.05.65
213	14.06.65- Z 29.09.68
214	06.09.66- Z 29.09.68
223	13.01.64-16.06.65
243	01.06.64-09.06.65
247	01.06.65- Z 24.05.67
249 Z	10.04.65-05.07.67
282	18.05.65-05.12.68
290	07.05.65- Z 14.12.67
306	16.06.65- Z 29.09.68
309	25.06.64-08.06.65
338	14.05.65-11.06.69
346	14.05.65-11.06.69

Die 41 verkehrten von Löhne aus vorwiegend in Richtung Hameln, Altenbeken und Osnabrück.

Hingegen gehörten die Maschinen des Bw MINDEN zu den Pionieren der BR 41 im Bereich der RBD Hannover. Ihr Einsatz auf der Strecke Hannover — Hamm dauerte allerdings nur kaum ein Jahr.

41 176	10.09.45-18.08.46
229	23.08.39- .40
230	.09.39- .40
231	.09.39- .40
232	09.09.39-18.08.40
233	21.09.39-21.08.40
234	.09.39- .40
235	28.09.39-22.08.40
236	03.10.39-18.09.40
237	08.10.39-21.08.40
238	.10.39- .04.40
41 239	26.10.40- .40
240	17.10.39-26.08.40

Zwar nicht sogleich bei der Erstverteilung bedacht, sind die Lokomotiven Baureihe 41 aus STENDAL nicht hinwegzudenken. Während der Zugehörigkeit des Bw zur RBD Hannover verkehrten sie zwischen Hannover und Berlin, Wittenberge und Magdeburg. Der Einsatz in Richtung Westen wurde durch die Grenzziehung 1945 beendet. Von den politischen Gegebenheiten blieb jedoch die Nachkriegsbewährung der BR 41 in Stendal mit der Maßgabe unberührt, daß die Lokomotiven später ihr Brot bei der RBD Magdeburg verdienen mußten.

Als Bw der RBD Hannover verfügte Stendal über

41 014	02.12.42-24.01.43
015	02.12.42-15.01.43
018	18.02.43-29.01.45
019	17.02.43-31.01.45
020	18.04.43-05.03.44
021	19.02.43-18.11.43
023	17.09.39-25.03.45
024	30.09.39-18.03.44
025	29.09.39-20.10.43
027	30.09.39-05.01.44
028	30.09.39-28.01.45
029	17.02.43-18.11.43
197	25.02.43-15.02.45
200	31.08.44-26.01.45
202	29.08.44-02.02.45
229	.40-?
232	.08.40-12.09.46
233	26.09.40-30.01.45
234	.09.40-?
235	02.11.40-19.11.43
236	02.11.40-19.11.43
237	22.08.40-29.11.43
238	.04.40- .11.43
239	.40- .44
240	27.08.40-20.11.43
241	22.02.43-21.11.43
290	31.08.44-31.01.45
291	27.09.44-31.01.45
323	31.08.44-05.02.45
324	31.08.44-16.01.45
334	? -21.12.43
360	27.08.44-22.10.44

Zum 30.10.1944 beheimatete Stendal ferner 41 199, 201, 231, 242, 327, 330, 333, 336.

Deutsche Bundesbahn — Laufplan der Triebfahrzeuge

BD: Hannover
MA: Braunschweig
Heimat-Bw: Uelzen
Einsatz-Bw: —
Personaleinsatz-Bw: Celle

Verkehrstag: di – fr
Laufplan Nr: 43.11
Triebfahrzeuge Zahl: 9 BR: 44
Bedarf n. Laufpl.: 9
Laufkm/Tag: 353

gültig vom 30.9.1962 bis ...

948 A01 Laufplan der Triebfahrzeuge A 4 q Hl 100 Karlsruhe X 69 30000 A 101

Eines langjährigen Einsatzes erfreute sich die Baureihe 41 beim Bahnbetriebswerk UELZEN. Die hier seit 1950 angesiedelten 41er (seit 1960 überragend solche mit Neubaukesseln) verkehrten im Güterzugdienst zwischen Hamburg und Hannover sowie in Richtung Bremen. Der Planbedarf fand sein Ende im Fahrplanjahr 1964/65.

Uelzen bot eine Heimat den

41 014	19.08.48-15.02.55
032	04.06.50-14.01.55
	22.05.55-24.05.55
041	23.05.62-07.06.65
044	07.06.50-25.02.55
056	09.09.48-29.04.49
072	05.08.48-29.09.49
	24.05.55-01.06.55
	01.12.69- Z 03.02.70
083	09.12.48-20.12.50
086	29.01.49-29.09.49
088	09.12.48-10.01.52
091	17.12.48-04.02.55
	11.01.58-08.03.61
092	01.09.48-04.08.53
	08.01.54-17.10.54
093	28.09.48-29.09.49
100	15.06.50-16.02.55
	28.09.63-07.07.65
110	26.03.62-07.07.65
113	21.08.48-16.12.52
	06.01.53-10.06.54
	20.05.55-02.06.55
157	03.04.58-31.07.65
168	28.12.48-04.05.54
169	28.07.48-08.01.52
172	09.09.48-14.01.49
173	16.10.61-30.11.61
177	19.06.62-09.06.65
194	09.09.48- .06.54
	.01.58-17.04.61
	29.09.61-24.05.62
205	25.05.48- .01.52
207	16.10.48-29.09.49
209	01.10.63-?
211	08.11.63-18.09.65
212 Z	01.12.69-27.11.70
213	25.05.61-13.06.65
215	30.10.48-20.01.49
221	17.06.59-06.07.61
	07.11.63- Z 28.07.65
223	30.05.63-12.01.64
233	07.01.59-09.02.59
234	.58-30.03.62
41 249	09.03.61- Z 17.03.65
250	01.01.49-01.11.49
251	29.05.64-09.02.65
252	13.09.48-?
	27.07.63-31.05.65
282	11.05.62-17.05.65
	01.12.69- Z 01.01.70
290	15.04.61-06.05.65
292	04.06.60-22.03.61
294	20.05.55-01.06.55
300 Z	01.12.69-27.11.70
301	24.03.58-25.03.62
306	22.03.61-15.06.65
307	23.01.58-22.02.60
309	17.07.48-30.09.49
336	07.08.63-02.06.65
337	04.05.50-12.05.50
338	13.07.61-13.05.65
	01.12.69-14.05.70
340	11.04.58-06.07.61
346	06.07.61-13.05.65
	01.12.69- .01.70

Zwei 41 hatte es 1945 nach ALTENBEKEN verschlagen, welche hier im Bestand vom 15.07.1945 nachgewiesen sind (41 073 und 338)

RBD/BD KASSEL

Die RBD Kassel verfügte in ihren bis 1945 bestehenden Grenzen zunächst nur über die dem Bahnbetriebswerk Göttingen Pbf zugewiesenen Lokomotiven. Erst 1944 kamen aus verschiedenen Gebieten des Reiches 41 auch zu den Bw Kassel-Bahndreieck, Paderborn, Nordhausen und Sangerhausen. Nach der neuen Grenzziehung zwischen amerikanischer, britischer und sowjetischer Besatzungszone, welche sich den Direktionsbezirk teilten, gingen die Bahnbetriebswerke Göttingen und Paderborn an die Nachbardirektionen Hannover bzw. Essen, Nordhausen und Sangerhausen an das RBD Erfurt verloren. Bei der zusammengeschrumpften ED/BD Kassel blieb den Lokomotiven Baureihe 41 noch 22 Jahre Zeit, sich in der Zugförderung verdient zu machen.

In BEBRA befanden sich während der ersten Nachkriegsjahre einige 41, über deren Einsatz sich keine zuverlässigen Aussagen machen lassen. Neben den nachfolgend aufgeführten Lokomotiven

41 047	30.05.46-24.01.48
101	24.08.47-17.12.49
173	15.05.46-30.11.49
190	24.06.46-21.01.50
	14.07.50-22.08.50
193	15.05.46- .01.50
216	24.08.47-04.01.50
281	24.08.47-?
328	10.10.47- .50
339	21.05.46-08.06.47
345	21.05.46-12.12.49

weist der Lokomotivbestand der RBD Kassel vom 15.07.1945 in Bebra zusätzlich die 41 341, der Bestand vom 27.12.1946 41 253, 300, 317, 319 und auch schon die 41 328 nach.

In FULDA erschienen die ersten 41 im Jahr 1946, wo sie sich bis zur Elektrifizierung der Nord-Süd-Strecke hielten. In ihren Laufplänen 81.21 und 81.22 haben sie Tagesleistungen bis zu 633 km erbracht. Neben den Planleistungen bespannten die Fuldaer Loks viele Reisebürosonderzüge. Im Sommer 1955 beförderten Fuldaer 41 an Reisezügen u.a. D 476 Bebra — Frankfurt, E 561 Frankfurt — Kassel und E 562 Fulda — Frankfurt. Im Güterzugdienst fuhren sie bis Würzburg, Hannover und Frankfurt.

41 002	03.01.51-20.03.53
007	14.06.53-21.05.64
031	06.01.51-24.07.63
047	06.01.51-12.12.56
	31.12.56-28.05.64
048	08.08.51-14.05.52
051	27.02.55-23.05.55
101	27.06.50-11.05.59
109	08.12.50-24.07.63
114	09.05.46-?
139	21.08.54-04.06.64
156	09.11.50-06.11.61
	07.08.63-11.06.64
160	24.06.60-24.07.63
190	23.08.50-29.05.60
193	28.04.50-30.04.53
194	18.04.61-28.09.61
196	11.06.60- .62
216	01.12.50-13.11.62
226	12.06.60-31.01.61
253	09.05.46-?
281	.04.61- .10.61
	07.08.63-21.06.64
282	11.08.51-26.04.59
294	26.06.60-28.05.64

41 300	09.05.46-?
	29.12.50-14.10.52
317	09.05.46-?
	27.06.50-24.06.60
319	10.05.46- .49
	12.09.51-11.10.56
	30.06.57-20.10.63
	21.11.63-28.05.64
328	10.05.46-?
	12.05.50-11.06.64
341	07.08.63-12.07.64
345	11.05.50-21.05.64

KASSEL - BAHNDREIECK stationierte ab 1944 fortlaufend bis 1969 eine stattliche Anzahl 41. Sie verkehrten vorwiegend im Eilgüterzugdienst bis Hannover/Seelze/Lehrte, Frankfurt und Fulda. Im Herbst 1962 standen sieben Lokomotiven im Plandienst 22.27 und 22.28, wobei sie durchschnittliche Tagesleistungen von 506 bzw. 464 km erbrachten. In den 50er-Jahren halfen die 41 im Schnellzugdienst und zwar vor D 176 Altenbeken — Kassel, D 1097 Hamm — Kassel, E 562 Kassel — Fulda, E 540 Kassel — Hamm und Db 80641 Kassel — Göttingen aus.

Im Bw Kassel gaben sich ein Stelldichein:

41 002	14.09.44-02.01.51
007	02.12.46-13.06.53
016	22.09.60-02.09.66
017	01.09.44- .45
027	01.04.46-20.03.53
031	21.12.46-27.12.50
	25.07.63- Z 08.02.65
046	01.08.44-15.02.47
047	10.05.44- .46
048	26.06.44-06.04.45
	11.08.46-16.11.48
049	09.05.44-31.08.48
050	05.05.44-18.02.47
	01.11.58-17.06.59
051	.01.44- .02.44
	09.08.46-26.02.55
	24.05.55- .58
091	09.03.61- Z 28.06.69
100	19.07.44-09.08.45
101	19.07.44-09.08.45
	18.12.49-26.06.50
104	12.05.44- .46
106	06.05.44-21.09.53
	12.10.53-05.01.61
108	09.08.46-04.08.48
	01.11.58- Z 65

Deutsche Bundesbahn

Laufplan der Triebfahrzeuge

BD	Kassel			Verkehrstag	Laufplan Nr	81.21		81.22	
MA	Fulda			W	Triebfahrzeuge Zahl / BR	6 / 41		2 / 41	
Heimat-Bw	Fulda	Einsatz-Bw	☐	gültig vom 12.8.60 bis 2.10.60	Bedarf n.Laufpl.				
Personaleinsatz-Bw			☐		Laufkm/Tag	500		391	

Lpl Nr/km	Baureihe	Tag	0	1	2	3	4	5	6	7	8	9	10	11	12	13	14	15	16	17	18	19	20	21	22	23	24
81.21 633	41	1		Fulda				5565				Han-Hgbf				5338		Gött.		5762		Fulda		5122		Wü
501		2		Würzburg		5051		Fulda		1852		Hanau	1859			Fulda		1863 Bbra	1868		Fulda				Am-Eilgüterb.
552		3		Ffm-Ost		5131		Fulda		5051			Gött.			1886			5567						
593		4						4255				4054	Würzburg			5161		Bebra			Fulda		4056	Würzburg	
426		5						Seligen-stadt 1822				Würzb.		Fulda		5112		Ffm-Eilgüterbf						5525	Fulda	1825
295		6			Bebra				1602	Kassel	829		Bebra									1869		Bebra	1872	Fulda
81.22 342	41	1		gültig v. 12.8.60 - 17.9.60 7959	Bebra				1606	Kassel	1860 Fulda		4052	Würzburg		Fulda	373			Ffm-Gbf		Bebra			
440		2		Bebra					1606	Kassel			5406		Fulda	5406	Ffm-Ost								
81.22 440	41	1		gültig v. 18.9.60 - 1.10.60 7959				Bebra			Kassel			5406	Fulda	5406	Ffm-Ost	Ffm-Gbf					7759	

Laufplan der Triebfahrzeuge

BD Kassel
MA Kassel
Heimat-Bw Kassel
Einsatz-Bw
Personaleinsatz-Bw Treysa, Frankfurt
Marburg

gültig vom 30.9.62 bis

Verkehrstag t

Laufplan Nr	22.27			22.28		
Triebfahrzeuge	Zahl	BR	Zahl	BR		
Bedarf n.Laufpl.	3	41	4	41		
Laufkm/Tag	506		464			

41 109	05.05.44-06.03.47
	25.07.63-12.11.64
112	11.05.44-05.03.47
	01.11.58- Z 11.05.67
116	10.08.46- .47
	18.06.56- Z 22.09.67
139	24.11.45-02.08.54
142	24.11.45- Z 01.08.68
145	? -12.02.47
156	22.07.44-19.11.47
	07.11.61-06.08.63
160	25.07.63-01.06.64
173	01.12.49-09.06.60
190	22.01.50-23.04.50
193	18.02.40-04.03.42
	.01.50- .04.50
194	20.02.40-05.04.42
195	24.02.40-04.03.42
196	13.04.40-04.03.42
197	16.03.40-11.05.42
204	01.06.65- Z 10.05.67
206	25.11.50-22.05.60
216	05.01.50-30.11.50
	14.11.62-26.05.64
238	10.08.46- .08.57
	.08.58-31.05.64
252	01.06.65-02.12.66
253	01.11.58-13.08.64
255	11.08.46- Z 22.09.67
281	21.07.44-?
	01.11.58- .04.61
	.10.61-06.08.63
	28.06.65- Z 28.06.69
282	26.07.44-11.07.51
300	01.11.58-31.05.59
303	22.07.44- .45
317	21.01.50-26.06.50
339	19.06.52-17.08.64
341	01.01.44-04.06.52
	01.07.52-30.05.58
	01.11.58-06.08.63

Das Bahnbetriebswerk MARBURG/LAHN setzte seine 41 zwischen Frankfurt und Kassel ein, ehe alle Lokomotiven am 31.10.1958 abgezogen wurden. Der letzte Laufplan dieser Maschinen weist nach, daß sie neben Güter- und Personenzügen auch mehrere Eilzüge im Durchlauf zwischen Frankfurt und Kassel beförderten.

Marburg beheimatete:

| 41 046 | 23.04.47-14.05.52 |
| 047 | .02.47-? |

41 047	28.01.48-05.01.51
	13.12.56-30.12.56
048	17.11.48-07.08.51
049	01.09.48-19.03.53
050	21.03.47-31.10.58
104 Z	24.08.47-20.09.48
106	22.09.53-11.10.53
108	05.11.48-31.10.58
109	02.05.47-16.11.50
112	06.03.47-31.10.58
114	14.11.48-20.03.52
116	29.08.47-17.04.56
145	13.02.47-24.03.53
156	02.06.48-16.10.50
206 Z	? -19.10.50
238	.08.57- .07.58
253	09.08.48-31.10.58
281	03.09.48-31.10.58
300	07.05.48-22.12.50
	15.10.52-31.10.58
319	24.10.47-12.07.51
	12.10.56-29.06.57
339	07.05.48-08.05.52
341	05.06.52-30.06.52
	31.05.58-31.10.58
345	13.12.49-10.05.50

RBD/BD KÖLN

Aus der 41er Serienfertigung kamen 10 Lokomotiven zu dieser rheinischen Direktion (41 094-103). Hierbei blieb es bis 1943, als Köln seine Lokomotiven an andere Direktionen abgeben mußte. 1945 kehrte die Baureihe aus dem Wuppertaler Raum zur RBD Köln zurück und wurde beim Bahnbetriebswerk AACHEN WEST zusammengefaßt. In der Nachkriegszeit verkehrten 41er auf den Strecken Richtung Köln und Rheydt.

Es handelte sich um

41 014	14.09.45-02.03.48
072	--23.07.46
085	14.09.45-20.08.46
088	27.08.45-02.03.48
089	28.08.45-09.02.46
093	01.09.45-10.03.48
094	01.11.41-03.09.43
095	29.11.41-26.03.43
	01.09.45-27.07.46
096	13.11.41-23.08.43
097	30.09.41-25.10.42
098	16.10.41-28.09.43
	26.08.45-20.07.46

Laufplan der Triebfahrzeuge

BD Kassel
MA Marburg/L.
Heimat-Bw Marburg/L.
Einsatz-Bw
Personaleinsatz-Bw

Laufplan Nr 43.01
Triebfahrzeuge Zahl 5 BR 41
Bedarf n.Laufpl. 461
Laufkm/Tag
Verkehrstag t

gültig vom 28.9.58 bis

Lpl Nr/km	Baureihe	Tag
43.01	41	1
554		2
506		3
501		4
391		5
351		

948 A 01 Laufplan der Triebfahrzeuge A 4 q III 100 Karlsruhe X 69 30000 A 101

41 099	.41- .43
100	03.10.41-08.11.43
	29.11.45-12.07.47
101	03.12.41-08.11.43
135	30.01.46-12.07.47
157	.45- .03.48
160	27.08.45-22.02.48
164	26.08.45-09.02.46
168	.08.45-13.02.46
	14.02.46- .06.48 abg.
169	? - .03.48
205	26.08.45- .03.48
207	10.11.45-22.02.48
215	01.09.45- .02.48
218	02.09.45-22.02.46
223	30.11.45-18.02.48
249	21.08.45-30.09.46
251	26.08.45-10.03.48
292	29.08.45-26.09.46
294	26.08.45-10.03.48
295	29.09.45-17.01.47
336	02.01.46-10.03.48
346	? - .03.48
360	27.11.45-02.03.48

Auf dem Weg der Umbeheimatung von Koblenz-Mosel nach Aachen West fanden

41 095	05.08.41-03.10.41
096	14.08.41-03.10.41
097	03.08.41-04.09.41
098	07.08.41-19.09.41
099	.41- .41
100	08.08.41-02.10.41

für wenige Wochen ein Unterkommen beim Bw DÜREN.

Als letzte 41 der BD Köln wurde die 41 293 von Köln-Eifeltor nach Gremberg abgegeben, wo sie vom 15.08.1970 bis zu ihrer Z-Stellung am 21.06.1971 unter Dampf stand.

Die bereits erwähnten Neubaulokomotiven hatte KOBLENZ-MOSEL erhalten. Hier ihre Daten:

41 094	18.06.39-30.09.41
095	16.06.39-04.08.41
096	22.06.39-13.08.41
097	18.08.39-02.08.41
098	30.06.39-06.08.41
099	.07.39- .41
100	06.07.39-07.08.41
101	06.07.39-28.10.41

41 102	.07.39- .41
103	.07.39- .41

In KÖLN BBF war für 3 Wochen die 41 018 (22.5.1955-15.06.55) anzutreffen. Im rechtsrheinischen Reisezug-Bw KÖLN-DEUTZERFELD warteten nur noch auf ihre Außerdienststellung:

41 056	01.08.65- Z 11.08.65
157	01.08.65- Z 11.08.65
188	01.08.65- Z 11.08.65

Vor der Elektrifizierung der Rheinstrecken verkehrten die 41 des Bahnbetriebswerks KÖLN-EIFELTOR nach Süden bis Koblenz und Oberlahnstein. Im übrigen war ihnen die Traktion bis Kaldenkirchen/Venlo (NS) vorbehalten, bis auch hier der Fahrdraht dem Dampfbetrieb ein Ende bereitete. Der Laufplan aus dem Sommer 1967 weist bereits nur noch einen Bedarf von fünf Lokomotiven aus, deren Tagesleistungen bescheiden sind. Abschnittsweise hatte Köln-Eifeltor mit 41 auch Militärreisezüge (Db 80655/56) zwischen Aachen und Siegen befördert.

Insgesamt waren eingesetzt:

41 001	.11.54- Z 19.10.67
010	02.12.54- Z 01.07.67
018	16.06.55-08.02.61
019	08.11.54-06.05.55
060	01.08.67- Z 27.01.69
101	13.01.61- Z 12.08.69
110	01.02.60-25.03.62
135	31.12.54-01.02.60
178	16.12.54- Z 20.09.68
245	24.11.54-25.10.60
253	01.08.67- Z 09.09.70
292	23.03.61- Z 07.09.69
293	11.11.67-14.08.70
301	26.03.62- Z 05.04.67
334	27.05.61- Z 21.09.70
336	03.06.65- Z 24.07.67
349	23.05.55- Z 03.02.67
352	01.12.54- Z 24.07.68

Nach Krefeld und Rheydt hatten sich vorübergehend drei Maschinen verirrt:

KREFELD	41 010 09.04.49-25.04.49
	und 41 017 01.07.45-24.10.45
RHEYDT	41 135 16.11.45-29.01.46

Laufplan der Triebfahrzeuge

BD: Köln
MA: Köln
Heimat-Bw: Einsatz-Bw
Kölm-Eifeltor — Personaleinsatz-Bw

Verkehrstag: Di – Fr
Laufplan Nr: 23
Triebfahrzeuge Zahl: 5 **BR:** 41
Bedarf n. Laufpl.:
Laufkm/Tag: 282

gültig vom 28.5.67 bis

948 A01 Laufplan der Triebfahrzeuge A 4 q III 100 Karlsruhe X 69 30000 A 101

Ndа = Niederaußem

Die 41 des Bw MÖNCHEN-GLADBACH

41 001	06.07.49- .11.54
010	28.03.49-08.04.49
	26.04.49-10.11.54
018	28.06.49-21.05.55
019	15.07.49-07.11.54
060	14.04.49-26.09.54
063	28.03.49-26.12.54
089	12.07.49-23.11.54
135	07.07.45-15.11.45
	28.03.49-30.12.54
164	21.06.49-17.10.54
178	01.07.49-12.12.54
245	22.04.53-23.11.54
259	13.03.53- .54
349	29.04.53-22.05.55
352	10.04.53-04.11.53

versahen 5 Jahre lang den Güter- und Reisezugdienst am Niederrhein.

RBD MAGDEBURG

Aus dem östlich der Grenze zwischen britischer und sowjetischer Besatzungszone gelegenen Gebiet der RBD Hannover wurde 1945 die RBD Magdeburg neu gebildet. Ab 1947 wurde in ihrem Bereich die Baureihe 41 beim Bahnbetriebswerk GÜSTEN konzentriert. Wahrscheinlich waren dort noch mehr Maschinen vorhanden, als entsprechend nachfolgender Aufstellung nachgewiesen werden können.

41 025	29.11.48-29.06.55
038	.04.47-26.07.47
061	16.08.53-26.04.60
062	10.05.47-17.06.49
	06.01.51-05.07.52
066	21.06.47-24.06.48
119	29.04.53-26.02.54
	21.02.57-26.04.60
122	08.05.47-29.09.49
141	08.03.47-29.09.49
144	27.08.47-04.12.59
185	08.05.47-05.07.52
189	08.03.47-11.01.53
230	05.03.54-19.05.57
232	26.05.54- .02.56
	21.04.56-19.03.58
263	11.05.47-02.01.58
265	05.05.47-08.09.53
266	08.05.45-26.07.47
267	10.05.47-06.07.51
	07.12.51-08.10.57

41 272	09.05.47-16.06.48
276	30.01.52-11.01.53

Aus HALBERSTADT sind

41 061	19.08.60-03.04.62
	30.12.70-20.09.71

und am 01.07.1973 41 103, 140, 227, ein Jahr zuvor zudem 41 123 bekannt. Am 1.10.1974 war 41 140 bereits in den Z-Stand versetzt worden. An ihrer Stelle hatte sich 41 117 neu eingefunden.

Die größte Anhäufung von 41 in der DDR blieb dem Bw MAGDEBURG HBF vorbehalten. Sie waren vor Zügen aller Gattungen aus Magdeburg Richtung Berlin, Oebisfelde, Wittenberge, Halberstadt, Erfurt und Thale anzutreffen. Westdeutschen Eisenbahnfreunden wurden die Magdeburger 41 bestens durch ihre Schnellzugförderung nach Helmstedt vertraut.

41 013	27.11.47-07.09.53
	17.12.59-13.01.60
020	30.03.44-07.06.44
021	19.11.43- .45
022	01.08.45-31.07.56
025	21.10.43-28.11.48
029	19.11.43- .06.45
033	05.07.60-22.08.67
035	18.04.47-04.12.55
036	10.05.47-11.06.53
038	.01.48-25.11.52
061	08.12.47-30.11.52
	11.12.52-15.08.53
	20.05.62-29.12.70
062	04.09.49-05.10.50
	06.07.52-25.05.54
	27.10.54-12.09.58
064	23.07.47-?
066	25.06.48-18.09.53
103	.44-?
119	18.04.47-29.07.47
	17.09.54-26.07.55
	29.08.55-20.02.57
	.67- .68
122	24.11.49-07.09.53
125	24.11.48-13.10.59
126	04.09.47-12.09.47
141	03.07.49-29.10.59
148	25.11.48-29.11.48
	.05.49-25.08.60
	.02.62-

41	171	29.11.48-27.07.55
		23.08.55-04.11.60
	182	24.04.59-18.06.61
	185	06.07.52-23.08.52
		01.09.52-25.07.55
		23.08.55-28.09.55
	200	11.05.49-09.05.58
	229	.44- .45
	232	.46-25.05.54
		.02.56-20.04.56
	238	.12.43- .07.44
	240	21.11.43-28.05.56
	241	22.11.43- .45
	266	12.05.43- .45
	267	07.07.51-06.12.51
	273	? -18.02.53
	278	18.04.47-12.04.53
	287	09.05.47-11.12.49
	288	27.09.46-27.07.48
	303	06.12.47-22.06.48
	311	? -30.12.48
	357	01.11.44-28.07.48

Vorstehende Aufstellung enthält selbstverständlich nicht alle Lokomotiven, sondern nur die durch Einzeldaten erfaßten. Am 01.07.1973 standen in Magdeburg im Dienst: 41 003, 053, 118, 129, 131, 132, 148, 154, 161, 228, 279; hiervon zählte am 1.10.1974 die 41 279 als Z-Lok.

Die Baureihe 41 kam erst relativ spät nach OEBISFELDE. Am 1.7.1973 waren es immerhin neun Maschinen (41 038. 055, 074, 079, 117, 123, 137, 159, 162), nachdem hier ein Jahr zuvor außerdem 41 009, 136, 140, 143, 279 im Einsatz gestanden hatten. Am 1.10.74 waren 41 117, 123, 162 zugunsten anderer Bw abgezogen.

Es soll nicht versäumt werden, auf

41 038	30.09.58-
125	03.12.59-27.04.60
185	24.08.52-31.08.52
332	30.10.59-27.03.66

hinzuweisen, deren genaue Aufenthaltsdauer in Oebisfelde ermittelt werden konnte. Die Maschinen verdienen ihr Brot im Reisezugdienst bis Magdeburg/Stendal oder vor Güterzügen bis Wustermark/Seddin.

Wie bereits in seiner Hannoveraner Zeit verfügte das Bw STENDAL während seiner Neuzugehörigkeit zur RBD Magdeburg stets über 41er.

41 008	17.06.47-27.02.57
033	20.07.47-08.04.60
	23.09.67-
038	.07.47-04.12.47
	.04.58-29.09.58
062	01.12.52-10.12.52
067	17.07.47-16.09.56
119	30.07.47-28.04.53
	12.11.66- .67
	.68-
126	13.09.47-12.02.52
128	23.07.47-?
148	.11.48-14.05.49
	.08.60-05.02.62
171	20.12.60-27.02.61
185	29.09.55- .57
189	23.07.47-03.05.49
200	17.05.47-10.05.49
260	09.12.47-22.09.53
266	27.07.47-11.05.49
267	28.12.57-26.02.58
272	17.06.48-?
	16.06.57-09.10.58
276	13.05.47-02.12.49

Zum Bestand am 1.10.1974 zählten 41 005, 009, 033, 099, 119, 123, 127, 138, 162, 180, 225, 264. Zu ihrem Einsatzbereich sind die Strecken Richtung Wittenberge, Magdeburg, Oebisfelde und Berlin zu zählen.

RBD MAINZ

Zum Planeinsatz mit der BR 41 kam es bei dieser Direktion nur in OBERLAHNSTEIN. Die Lokomotiven verkehrten im Güterverkehr auf den Rheinstrecken und im Lahntal. Im Sommer 1944 wurde der Dienst mit 41 aufgelassen und die Maschinen überwiegend nach Siegen verlegt. Zum Oberlahnsteiner Bestand gehörten

41 007	04.10.43-05.12.43
011	04.10.43-31.12.43
032	04.10.43-05.12.43
040	20.07.39- .07.44
041	21.07.39-21.07.44
042	26.07.39-23.07.44
043	27.07.39-18.07.44
044	29.07.39-19.07.44
045	.07.39- .07.44
173	05.02.42-06.05.44

41 192	.42- .44
193	05.03.42-16.03.42
195	05.03.42-17.03.42
196	05.03.42- .42
220	.06.40- .07.44
221	.06.40- .07.44
222	.06.40- .07.44
223	.06.40- .07.44
337	16.01.41- .07.44
338	07.02.41-06.05.44
339	01.03.41- .07.44
340	.03.41- .07.44
341	15.03.41-31.12.43
342	23.03.41-21.12.43
	20.05.44-25.07.44
343	01.04.41-24.07.44
344	06.04.41-20.07.44
347	29.04.41-18.07.44
348	08.05.41-19.07.44
349	13.05.41-31.07.44
361	27.07.40-24.07.44
362	.08.40- .07.44
363	11.08.40-20.07.44
364	20.08.40-17.07.44
365	27.08.40-17.07.44
366	04.09.40-24.07.44

Die 41 342 hatte sich vom 14.01.1944 bis 19.05.1944 beim Bw LUDWIGSHAFEN eingefunden.

Bevor die amerikanisch besetzten Gebiete der RBD Mainz verlustig gingen, waren in DARMSTADT beheimatet

41 007	04.12.43-23.04.44
032	06.12.43-14.05.44
281	abg. ? -06.08.46
	i.D. 07.08.46-14.09.46

Die 41 281 wurde dort jedoch bereits als Lok der neuen Heimatdirektion Frankfurt/M geführt.

RBD MÜNCHEN

Mit 21 Lokomotiven der ersten Serie wurden bei der RBD München die drei Bahnbetriebswerke Ingolstadt, München Ost und Treuchtlingen ausgestattet.

In INGOLSTADT blieb der Einsatz mit folgenden Lokomotiven bestehen

41 007	09.01.43-10.02.43
010	01.01.43-21.01.43

41 032	02.01.43-24.03.43
033	09.07.39-10.09.42
034	.07.39-10.09.42
035	13.07.39-31.01.42
036	15.07.39-10.09.42
037	20.07.39-10.09.42
038	.07.39-04.10.42
039	25.07.39-04.10.42
156	02.01.43-05.02.43

Nicht viel länger hielten sich die Lokomotiven in MÜNCHEN OST. Wie der Umlaufplan 7 aus dem Herbst 1942 aufzeigt, verkehrten die 41 ausschließlich im Güterverkehr zwischen München bzw. Trudering und Treuchtlingen.

41 003	.40-10.09.42
004	.40-10.09.42
005	17.03.40-28.08.42
006	.40-18.08.42
007	21.03.40-08.01.43
	11.02.43-29.09.43
008	.02.39-20.08.42
009	.02.39-28.08.42
010	09.03.39-31.12.42
011	09.03.39-29.09.43
012	.03.39-03.02.42
013	.03.39-04.10.42
030	.07.39-07.02.42
031	.07.39-22.01.43
032	07.07.39-01.01.43
	25.03.43-29.09.43
156	22.11.42-01.01.43
	06.02.43-10.09.43
166	.05.43-04.06.43

Die fünf dem Bw TREUCHTLINGEN zugewiesenen

41 003	.01.39- .40
004	.01.39- .40
005	22.01.39-16.03.40
006	.01.39- .40
007	.02.39-20.03.40

wurden schon im März 1940 nach München Ost abgegeben. Über ihren Einsatz waren keine Angaben zu erfahren.

Am 22.11.1942 gelangten aus der RBD Nürnberg zur RBD München 41 055 und 159. Die Dauer ihres Verbleibs ist ungewiß. Als Heimat-Bw bleibt für die Lokomotiven Ende 1942 nur München Ost.

Laufplan der Triebfahrzeuge

RBD München
MA München
Heimat-Bw München-Ost
Einsatz-Bw
Personaleinsatz-Bw

gültig vom 2.11.42 **bis**

Verkehrstag W
Laufplan Nr 7
Triebfahrzeuge Zahl 4 BR 41
Bedarf n.Laufpl.
Laufkm/Tag

Lpl Nr.km	Baureihe	Tag	0	1	2	3	4	5	6	7	8	9	10	11	12	13	14	15	16	17	18	19	20	21	22	23	24
7	41	1	M.-O.	13118 / 24/40	7432 / 16		Ingolstadt / 14			6502 / 8					München-Ost							7419		Treuchtlingen / 7			
		2						3		7496			32	41					13424 Truchtling. / 14/15			10224 / 52			13424 Truchtling. / 18/22	19/59	
		3						Treuchtlingen				32			7404		Truchting. 13490 / 53 22/30			München-Ost							
		4			7409		8											54		7424			13		München-Ost			

948 A01 Laufplan der Triebfahrzeuge A 4 q Hl 100 Karlsruhe X 69 30000 A 101

RBD/BD MÜNSTER
Relativ bescheiden war hier die Erstzuteilung an 41 während der Lieferjahre. Zudem waren alle Lokomotiven dieser Gattung bis Kriegsende nur in Osnabrück Hbf stationiert. Der Bestand der RBD/BD erweiterte sich bis 1.2.1944 auf 52, am 15.7.1947 auf 86 und am 16.4.1948 auf 100 Lokomotiven, ehe er am 1.7.1950 auf 47 Maschinen zurückgegangen war. Mit dieser Anhäufung von Lokomotiven kann die BD Münster als Hochburg der Baureihe 41 angesehen werden. Ab Kriegsende kamen die 41 bei den meisten Hauptbahn-Bw des Direktionsbezirks zur Verwendung. Gleichwohl blieb das Bw Osnabrück Hbf die weitaus wichtigste Heimatdienststelle der Gattung.

Beim Bahnbetriebswerk EMDEN waren von 1946 bis 1947 fünf Maschinen eingesetzt. Kurz vor ihrer Ausmusterung kamen 1969 aus Rheine erneut fünf Lokomotiven nach Ostfriesland, von denen jedoch nur die 41 069 betriebsfähig war. Emden beheimatete insgesamt

41 012 Z	28.09.69-03.12.69
015	05.08.46-12.11.47
017 Z	28.09.69-03.12.69
059	05.08.46-23.11.47
069	01.10.69- Z 30.04.70
095	23.08.46-23.11.47
098	24.08.46-05.12.46
110	20.08.46-24.11.47
135 Z	28.09.69-03.12.69
291 Z	28.09.69-03.12.69

In HALTERN waren nach Kriegsende

41 019	01.06.45-03.03.46
259	.47- .01.49

Von dieser Dienststelle ist im Sommer 1955 die Beförderung der Db 80661/62 (Emmerich – Münster und zurück) mit 41 nachgewiesen. Da Haltern während dieses Fahrplanabschnitts nicht über Lokomotiven dieser Gattung verfügte, dürfte der genannte Plan von den beiden damals zum Bw Münster gehörigen 41 186 und 308 durch Haltern als Einsatz-Bw gefahren worden sein.

Neben Osnabrück war KIRCHWEYHE als Lokwechselbahnhof vor den Toren Bremens bis zur Elektrifizierung der „Rollbahn" Ruhrgebiet – Bremen/Hamburg Domizil einer Vielzahl von 41, die im reinen Güterzugdienst zwischen Hamburg, dem Ruhrgebiet, Hagen und zeitweilig auch bis Köln verkehrten. Einen Überblick mögen die Laufpläne 73.21 und 73.22 aus dem Sommer 1960 geben. Ab 1961 verfügte Kirchweyhe auch über ölgefeuerte 41er, die mit Ende des Sommerabschnitts 1968 infolge Elektrifizierung ihrer Stammstrecke nach Rheine abgegeben wurden. Die Kohleloks hatten schon früher das Feld räumen müssen.

Mit nachfolgend aufgezählten Lokomotiven kann Kirchweyhe auf einen stattlichen Bestand zurückblicken.

41 010	13.10.47-27.03.49
012	30.10.64-18.11.66
017	07.05.53-22.09.60
	30.10.64-25.05.68
018	26.07.65-31.07.67
021	27.09.60- .07.67
023	09.06.65-08.04.66
024	30.07.62-30.09.62
	10.02.66-23.09.67
032	09.05.67-08.10.67
040	05.08.58-03.12.59
048	.05.65- Z 03.12.66
049	21.01.65-03.03.68
052	21.09.60-23.09.67
060	26.02.48-13.04.49
	.08.64-11.05.67
063	.10.47- .03.49
069	31.05.65-11.05.67
073	21.09.66-20.09.67
083	20.10.65-23.09.67
095	21.09.66-28.09.68
096	05.10.60-20.11.67
097	24.03.67-28.09.68
100	23.07.47-26.04.49
105	18.01.42-28.02.42
	15.01.48-07.03.49
	31.07.53-30.10.57
	15.09.66-29.09.68
106	11.07.61-28.09.68
107	22.01.57-02.09.60
	01.05.65- Z 23.08.67
108	22.01.42-16.04.42
110	27.01.60-31.01.60
111	02.07.59-29.08.60
	08.09.66-18.11.66
113	01.09.60-28.09.68
135	16.10.47-27.03.49
	02.02.60-14.09.60

Deutsche Bundesbahn

BD Münster
MA Osnabrück

Laufplan der Triebfahrzeuge

Heimat-Bw: Kirchweyhe
Einsatz-Bw:
gültig vom 29.5.1960 bis
Personaleinsatz-Bw:

Verkehrstag: W

Laufplan Nr	73.21		73.22							
Triebfahrzeuge	Zahl	BR	Zahl	BR	Zahl	BR	Zahl	BR	Zahl	BR
Bedarf n. Laufpl.	6	41	4	41						
Laufkm/Tag	413		428							

Lpl Nr/km	Baureihe	Tag
73.21 / 477	41	1
473		2
344		3
377		4
370		5
440		6
73.22 / 342	41	1
493		2
599		3
278		4

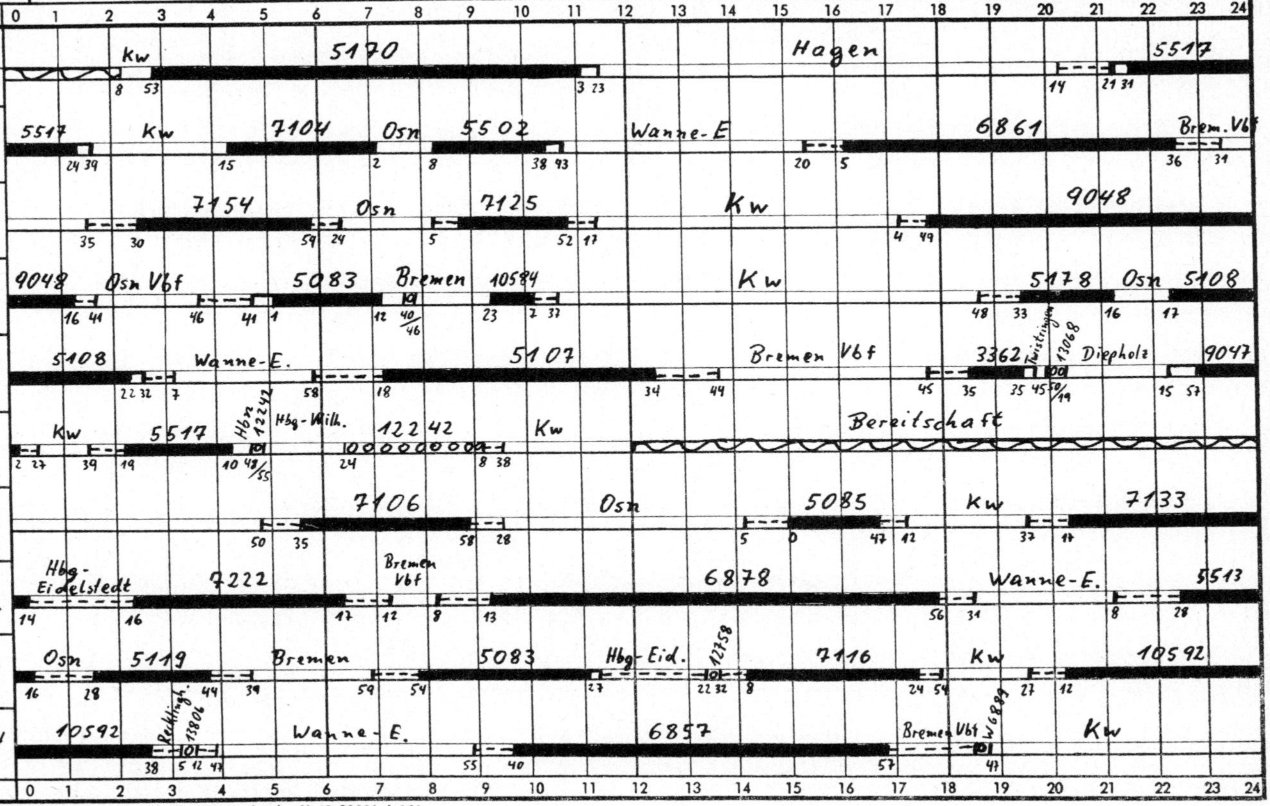

41 135	24.04.65-25.05.68
145	19.09.66-28.09.68
163	05.05.53-25.08.58
	20.05.65-09.04.66
164	22.09.66-28.09.68
166	24.03.67-28.09.68
169	29.03.67-28.09.68
173	22.01.42-21.04.42
174	05.05.53-06.10.60
176	21.01.42-12.02.42
	18.03.42-15.04.42
186	28.11.57-29.12.60
191	12.10.60- Z 08.09.68
192	.53-21.01.57
	07.10.58-27.01.60
199	20.05.65-23.09.67
206	23.11.60-28.09.68
210	27.10.60-28.09.68
218	24.03.67-28.09.68
219	.05.65- .09.66
224	25.03.67-28.09.68
226	08.07.53-22.02.59
235	30.01.48-26.04.49
236	07.06.57-04.08.58
237	06.04.59-21.10.60
239	07.05.53-22.09.60
243	10.06.65- Z 01.06.67
244	07.10.58-09.12.60
245	12.01.61-28.09.68
247	03.12.59-02.09.60
249	17.01.48-21.04.49
253	14.08.64-11.05.67
291	25.11.59-05.01.60
	01.05.65-25.05.68
304	01.05.65- Z 26.01.68
306	05.02.48-25.04.49
309	09.06.65- Z 12.11.66
310	18.08.60-28.09.68
315	11.12.47-26.04.49
	07.05.53-10.08.58
320	13.11.47-05.01.49
	07.12.60-28.09.68
322	04.12.47-25.03.49
323	12.05.58-10.11.60
339	11.05.65- Z 06.09.66
347	25.08.60-28.09.68
350	28.01.42-07.02.42
354	.10.57- .06.60

In MÜNSTER hingegen waren mit

41 105	31.10.57-03.07.58
186	12.07.52-08.11.57
187	04.07.57-08.09.57
220	?(07.47)-?

41 291	06.12.52-05.05.57
304	07.09.57-05.01.59
306	27.11.58-18.12.59
308	24.07.54-03.11.57

nur wenige Lokomotiven stationiert, die es zu keiner besonderen Bedeutung brachten.

Ebenfalls nur zahlenmäßig gering war der 41er Bestand des Bahnbetriebswerks OLDENBURG HBF. Seine

41 089	05.07.55-14.12.55
305	? -16.02.48
306	02.02.55- .11.56
	18.12.56-06.07.57
331	03.08.54-23.11.56

machten sich vor Neuzugang der Baureihe 23 als Zuglok u.a. von D 174/386 E 676 Oldenburg − Bremen, E 566 Wilhelmshaven − Oldenburg, Db 80761/62 Osnabrück − Oldenburg und zurück verdient. Um 1947 verfügte das Bw auch über die 41 268, welche darüber hinaus auch in OLDENBURG VBF nachgewiesen ist.

Nirgendwo übertroffen wurde die Bedeutung der Baureihe 41 als Universallokomotive und von ihrer zahlenmäßigen Vertretung her beim Bahnbetriebswerk OSNABRÜCK HBF. Fast jede der in Westdeutschland verbliebenen 41 dürfte irgendwann einmal dort beheimatet gewesen sein. Schier unendlich erscheint die Aufstellung der in Osnabrück eingesetzten Lokomotiven.

41 001	.07.44- .05.49
011	24.09.46-04.06.59
012	.04.46- .09.50
015	25.05.46-04.08.46
	13.11.47-06.01.60
016	12.04.46-21.09.60
017	09.03.46-06.05.53
	23.09.60-15.02.61
018	27.04.46-10.05.49
	25.05.61-14.07.65
019	04.03.46-12.06.49
023	06.01.46-05.05.50
024	12.01.46-10.02.59
	26.01.61-29.07.62
	01.10.62-24.01.66
029	28.12.45-31.01.50
037	01.09.45-12.05.58
040	.12.45-04.08.58

41	044	13.04.46-24.04.50	41 175	.10.41-17.04.50
	048	10.10.63- .05.65		08.08.58-28.09.68
	050	18.06.59-18.01.61		01.03.69-28.09.69
	051	21.02.44-05.03.45	176	14.06.41-20.01.42
	052	18.04.46-29.02.48		13.02.42-17.03.42
	056	.03.43-13.07.43		16.04.42-12.11.43
	058	.04.43-?	177	.06.41-25.04.50
		05.06.46-09.06.50	178	.05.41-18.05.49
	059	28.04.43-28.02.45	186	.04.43-11.07.52
		12.07.46-04.08.46		09.03.61-28.09.68
		24.11.47-29.07.58	187	24.04.43-03.07.57
	060	.04.43-?		09.09.57-27.05.58
		10.10.63- 08.64	188	.04.43-16.01.50
	063	30.04.43-17.02.45	191	.04.43-26.01.49
	069	.04.43-25.01.61	192	13.04.46- .05.52
	073	08.06.61-20.09.66		22.01.57-30.05.58
	085	09.10.46-08.05.50	202	22.07.58-28.09.68
	089	05.04.46-01.06.49		01.03.69-27.09.69
		24.11.54-12.06.55	204	01.07.46-25.05.50
	090	01.11.46-26.01.50	208	.04.40-16.05.50
	095	24.11.47-14.04.50	209	07.05.40-?
		06.02.58-20.09.66	210	.05.40-24.04.50
	096	21.11.67-28.09.68	211	12.05.40-26.02.45
	097	29.03.61-23.03.67	212	.05.40-09.06.50
	098	06.12.46-23.02.58	213	18.05.40-16.05.50
	100	13.07.47-22.07.47		23.04.59-24.05.61
		27.04.49-11.05.50	214	.05.40-13.04.50
	101	03.06.59-12.01.61		19.01.58-12.06.58
	105	10.01.42-17.01.42	217	16.12.45-14.04.50
		01.03.42-14.01.48		17.01.58- Z 08.08.68
		22.09.58-14.09.66	218	13.02.47-27.08.58
	106	23.02.61-10.07.61		15.02.61-23.03.67
	107	11.01.42-21.01.57	219	10.10.63- .05.65
		10.10.63-30.04.65	220	.07.44- .46
	108	24.09.41-21.01.42	221	.07.44- .01.50
		17.04.42-21.02.44	222	.07.44-28.04.49
	110	23.09.41-?	223	.07.44-?
		24.11.47-05.01.60	224	.04.43-24.03.67
	111	01.10.41-25.02.49	226	.04.43-28.04.49
	135	17.09.43-17.02.45		12.04.61-28.09.68
		13.07.47-26.07.47	233	11.01.46-13.05.50
	145	10.07.58-18.09.66	235	26.04.49-16.05.50
	146	08.12.48-07.01.49	236	02.01.46-06.06.57
	158	11.05.46-08.02.50	237	14.04.46-02.05.50
	163	01.09.46-03.05.53	239	.01.46-06.05.53
	164	19.03.48-28.04.49	241	19.08.58-28.09.68
		20.08.58-21.09.66	243	24.04.46-24.07.58
	166	24.07.58-23.03.67	247	18.10.47-15.10.59
	167	.03.43-11.05.50	248	.12.45-20.05.54
	168	01.09.58-28.07.67	249	08.10.59-08.03.61
	169	16.09.58-28.03.67	254	.04.43-?
	172	.05.41-30.12.43		25.08.58-28.09.69
	173	26.05.41-21.01.42	259	.43- .47
		22.04.42-19.08.45	268	06.02.40-?
	174	.05.41-04.05.53		.02.48- .01.49

Deutsche Bundesbahn
Laufplan der Triebfahrzeuge

BD: Münster
MA: Osnabrück
Heimat-Bw: Osnabrück Hbf
Einsatz-Bw:
Personaleinsatz-Bw:

Verkehrstag: W
Laufplan Nr: 21 / 22 / 23
gültig vom 29.5.60 bis

Laufplan Nr	21		22		23	
Triebfahrzeuge	Zahl	BR	Zahl	BR	Zahl	BR
Bedarf n. Laufpl.	6	410el	6	410el	6	410el
Laufkm/Tag	516		438		415	

Lpl Nr/km	Baureihe	Tag	0	1	2	3	4	5	6	7	8	9	10	11	12	13	14	15	16	17	18	19	20	21	22	23	24
21 / 516	41 Oel	1	7099	Osn	Bremen			5030	5053 Löhne 2508	Ⓝ T Osn	10582	Osn	Hamm			7133		Osn	7133		Kirchw.		5592	7102
530		2				7102				Ⓝ T Osn								7109				Hbg-Wilh.			7118	
434		3					Osn			7103		7105					Hbg-Wilhelmsburg								
434		4	7118		7119									Hbg-Wilh.		100000001		1000000001	1007 Hbg-Alt.		Fr. 5614			
651		5	7115		Hbg-Wilh.Ⓝ					7110			7112				Ⓝ T	Osn			Ⓝ T Osn				
525		6					Osn						Osn		7155		Hamm								
22 / 304	41 Oel	1	5101	Ⓝ T					6872		6853			Bremen		7155		10588		30 Osn	Bremen	7159	Vbf	7099
494		2	Kw		5122										7065			52	T Osn	Vbf Osn	4338	Münster	4338	
450		3																						Ⓝ T Osn	Ⓝ T Osn	

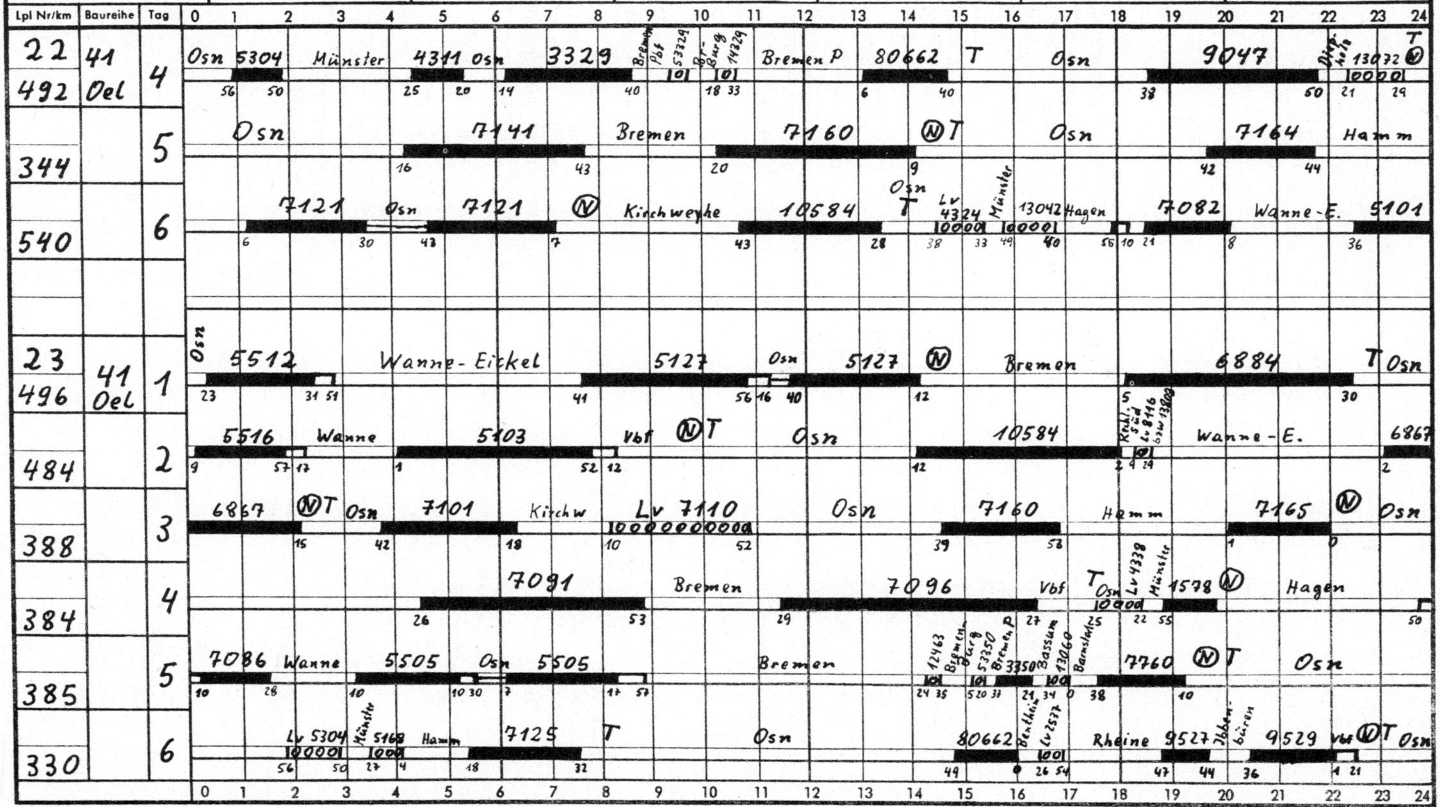

Nr.	Zeitraum
41 269	08.02.40-?
270	20.02.40-11.01.49
271	19.04.40-26.09.46
	17.04.48-27.09.69
290	19.07.46-14.04.61
291	28.02.47-11.07.52
	07.01.60-30.04.65
297	.03.43-?
	20.06.46-05.05.50
301	.03.43- .45
304	12.10.39-23.02.49
	13.08.59-30.04.65
305	25.10.39-28.01.45
	16.02.48-16.12.48
306	03.11.39-03.02.45
	04.02.60-21.03.61
307	12.11.39- .05.45
308	18.11.39-28.02.49
	12.12.57-27.09.69
309	05.12.39-13.02.45
310	23.12.39-11.01.49
315	26.04.49-06.05.53
318	.03.43-27.01.49
322	26.03.49-01.08.58
323	17.09.46-11.05.58
324	16.10.46-11.05.50
325	.07.44-?
331	.03.43-10.02.49
	11.02.59-05.04.61
337	02.10.44- .03.50
338	12.04.46-07.08.58
339	.07.44- .45
	18.08.64-20.04.65
340	.07.44- .45
342	17.07.46-25.05.54
343	.11.48- .12.48
345	13.04.41-02.03.45
346	23.04.41-?
347	06.12.47-25.03.49
348	29.03.46-16.12.48
350	20.05.41-27.01.42
	08.02.42-10.02.58
351	28.05.41-10.12.46
	04.03.49-12.10.59
352	08.06.41-12.05.48
353	13.04.46-08.04.49
354	12.04.46- .10.57
356	21.11.47-29.12.48
	01.09.58-27.09.69
358	28.11.47-23.01.50
	14.08.58-27.09.69
360	19.01.42- .43
	30.07.58-27.09.69
362	.07.44- .59
363	03.02.48-28.09.69
364	19.01.61-27.09.69

Zweifelsohne hat eine Anzahl hiervon die erste Nachkriegszeit nur auf dem Abstellgleis verbracht. Die Mehrzahl jedoch stand unentwegt im täglichen Einsatz. Mancher Reisende in Richtung Norddeutschland hat eine Osnabrücker 41 vor seinem D- oder Eilzug gefunden. Natürlich ging die Bedeutung der 41 als Reisezuglokomotive nach ausreichender Bestückung des Bw Osnabrück Hbf mit den Lok der Baureihen 01, 03 und später 01.10 zurück. Wenn sich jedoch ein Engpaß bei der Schnellzuglokgestellung ergab, mußten die 41 noch bis Beginn des Winterfahrplans 1968/69 einspringen. Infolge ihres guten Anfahrvermögens konnten sie sogar bei Schnellzügen bis Köln den Mangel ihrer Höchstgeschwindigkeit von „nur" 90 km/h wettmachen. In Richtung Hamburg mit nur einem Zwischenhalt in Bremen waren Verspätungen zwar unvermeidlich, jedoch lediglich nach Minuten zu zählen. Es sind Fahrten bekannt, bei denen der Lokführer seine 41 zur Einhaltung kürzester Fahrzeit mit über 100 km/h gejagt hat. Die schlechte Laufruhe bei solchen Geschwindigkeiten nahm bisweilen beängstigende Formen an. Derartige Höchstleistungen wurden im übrigen auch erst durch den Einsatz der auf Ölfeuerung umgestellten Lokomotiven möglich. Denn kaum ein Heizer hätte bei Kohlefeuerung genügend Dampf halten können. Im planmäßigen Güterzugdienst, wie er durch die Laufpläne 21, 22 und 23 dokumentiert wird, verkehrten die Lokomotiven hauptsächlich zwischen Ruhrgebiet/Hagen und Hamburg.

Aus der Zeit zwischen 1946 und 1947 sind als Lokomotiven des Bahnbetriebswerks OSNABRÜCK GBF vermerkt:

Nr.	Zeitraum
41 163	11.11.45-09.08.46
164	13.04.46-28.10.47
218	23.03.46-10.12.46
271	04.11.46-05.11.47
291	06.01.46-06.01.47
347	11.04.46-11.10.47
351	11.12.46-27.02.48
356	14.04.46-17.09.47
358	08.05.46-15.10.47
363	20.07.46-09.12.47

Verschiedene Umstände rechtfertigen die Vermutung, daß auch diese 41 zum Bw Osnabrück HBF gehörten. Denn abweichend von den übrigen Eintragungen in Betriebsbüchern nennen die Betriebsbögen der Lok stets als Heimatdienststelle Osnabrück HBF oder das nicht existierende Bw Osnabrück HGBF.

Bis zum Erscheinen der Ölloks (neu: BR 042) aus Kirchweyhe und Osnabrück bot sich den wenigen 41 des Bahnbetriebswerks RHEINE nur ein relativ bescheidener Umlauf von sechs Lokomotiven mit gemischten Leistungen nach Hamm, Oberhausen, Duisburg, Oldenzaal (NS), Osnabrück und Lingen. Die Auflassung der Dampftraktion bei anderen Bw der BD Münster brachte zunächst Kohlelok und später auch solche mit Ölfeuerung nach Rheine. Für die dort angesammelte Vielzahl war keine rationale Einsatzmöglichkeit gegeben, weshalb die 41 mit Kohlefeuerung alsbald der Ausmusterung anheimfielen. Geblieben sind bis heute die 34 Maschinen mit Ölfeuerung. Der Sommer 1973 bot ihnen ein Betätigungsfeld im Umlaufplan von 20 Tagen. Der hier erzielte Tagesdurchschnitt von 238 km verminderte sich im Sommer 1974 auf 230,4 km bei einem Planbedarf von 16 Lokomotiven. Seit jeher bilden die 41 in Rheine die Reserve für ausgefallene Schnellzuglokomotiven, sodaß bis zur Gegenwart oftmals mehrere 41 als Ersatz im Plan der 012 (01.10) zu beobachten sind.

Als letztes Bahnbetriebswerk der Deutschen Bundesbahn kann und konnte Rheine an 41 aufweisen:

41 011	15.08.59- Z 15.11.66
012	19.11.66- Z 07.07.69
015	07.01.60- Z 11.11.67
017	26.05.68- Z 01.07.69
018	01.08.67- Z 26.09.76
021	.08.67- Z 27.08.68
023	09.04.66- Z 21.05.68
024	24.09.67- Z 21.02.77
032	10.11.67- Z 28.06.68
040	04.12.59- Z 11.07.66
052	24.09.67-
060	12.05.67-31.07.67
069	12.05.67-29.09.69
073	21.09.67- Z 17.02.77
083	24.09.67- Z 17.12.76
095	29.09.68- Z 17.12.76
096	29.09.68-
097	29.09.68- Z 01.11.76
101	28.05.59- 02.06.59
105	08.03.49- 30.06.53
	24.10.68- Z
106	29.09.68- Z 12.11.76
110	06.01.60-26.01.60
41 111	05.04.49-19.05.59
	19.11.66- Z 16.07.73
113	29.09.68-
135	26.05.68- Z 15.09.69
145	29.09.68- Z
163	10.04.66- Z 14.09.68
164	29.09.68- Z 30.10.75
166	29.09.68- Z 08.07.75
168	29.07.67- Z 12.11.76
169	29.09.68- Z 26.08.69
175	29.09.68- 28.02.69
	29.09.69- Z 19.12.75
186	29.09.68-
191 Z	29.09.68-11.12.68
192	28.01.60- Z 12.02.69
199	24.09.67- Z 09.04.68
202	29.09.68-28.02.69
	28.09.69- Z 12.11.76
206	29.09.68- Z 10.05.77
210	29.09.68- Z 11.02.77
218	29.09.68- Z 10.11.76
219	.09.66- Z 10.05.67
220	25.03.49- Z 20.11.65
222	29.04.49- Z 07.04.66
224	19.09.68- Z 04.05.71
226	29.04.49-18.06.53
	29.09.68-
241	29.09.68- Z 10.05.77
245	29.09.68- Z 12.11.76
249	24.05.49- 03.08.59
253	12.05.67- 31.07.67
254	29.09.69- Z 12.08.76
270	12.01.49-10.04.50
271	28.09.69-
291	26.08.57-08.10.59
	26.05.68- Z 01.07.69
304	24.02.49-06.09.57
	06.01.59-28.06.59
	Z 26.05.68-21.06.68
306	03.06.49-23.01.55
	17.11.56-17.12.56
	07.07.57-15.07.57
	09.10.57-26.11.58
308	05.04.49-23.07.54
	28.09.69- Z 14.03.77
310	29.09.68- Z 12.11.76
318	.01.47- ?
320	29.09.68- Z 16.08.76
331	21.03.49- 07.07.54
347	29.09.68- Z 11.02.77
351	26.11.59- Z 13.01.67
356	28.09.69- Z 14.03.77
358	28.09.69- Z 12.11.76
360	28.09.69- Z 10.05.77
363	29.09.69- Z 04.05.76
364	28.09.69-

Deutsche Bundesbahn

Laufplan der Triebfahrzeuge

BD	Münster		Laufplan Nr.	31.02	Verkehrstag
MA	Münster		Triebfahrzeuge Zahl	BR	Di–Fr
Heimat-Bw	Rheine		Bedarf n. Laufpl.	20 042	
Einsatz-Bw	Emden	gültig vom 3.6.23 bis	Laufkm/Tag	237,9	

(Schematic Laufplan — train running diagram, grid 0–24 hours)

Laufplan der Triebfahrzeuge

BD: Münster
MA: Münster
Heimat-Bw: Rheine
Einsatz-Bw: Emden, Osnabrück
Personaleinsatz-Bw: Ast. Coesfeld

Verkehrstag: Di–Fr
Laufplan Nr: Fortsetzung Dpl. 3102, gültig vom 3.6.73 bis

Triebfahrzeuge / Bedarf n. Laufpl. / Laufkm/Tag

Lpl Nr/km	Baureihe	Tag	0–24 Zeitverlauf
31.02 042 11 357		11	Osn 6782 Rh 15594 44445 Osn 15500 Rh 8698₁ Rh Neu-Mühlen Berth. 10001 Holthaus Osn 6788 Rh 17339
384		12	Rh 17502 Benth. Osn 44443 Osn Rh Lingen Salzbergen 17615 Berth. 14 40 Lingen 17344 Rh
309		13	Rh 6785 Osn 17522 44446 Rh 17698 Lingen 17336 Rh
261		14	17339 Emden 17324 Essen 17324 Norden 17566 Emden 15368
280		15	Rh 17329 Lathen 15713 10001 Horstmar Rh 17340 Horstmar 17596/61 10:01 17337 Emden VW Osstalop Leer 17350
338		16	Rh 17722 74404 10:01 17551 Coesfeld Emden Berth. Emden VW 7768 Ostsa 17336
192		17	Rh 17720 Di,Do,Sa Berth. 17856 Coesfeld 17356 49234 Coesfeld
344		18	7336 16344 Sesst Gesckendorf Gronau 17725 Rh 17333 16344 Ostsa Lingen 75686
132		19	Osterfeld Süd Rh Rh 17331 Di,Do,Sa Di,Do,Sa
137		20	Rh Salzbergen 49333 49338 Rh Ostsa

948 A 01 Laufplan der Triebfahrzeuge A 4 q III 100 Karlsruhe X 69 30000 A 101

RBD NÜRNBERG

20 Lokomotiven BR 41 hatte ASCHAFFENBURG 1939 zugewiesen bekommen.

41 164	15.06.39-07.04.42
165	15.06.39- .42
166	06.06.39-08.09.41
167	28.06.39- .41
168	22.06.39-?
169	28.06.39-ß
170	15.07.39-?
171	.07.39-?
292	23.06.39-26.11.41
Z	27.11.41-22.02.42
	07.05.42-29.11.42
293	30.06.39-25.02.43
294	05.07.39-29.12.42
295	17.07.39-31.08.42
296	23.07.39-03.10.42
297	02.08.39- .42
298	12.08.39-25.08.42
299	24.08.39-21.08.42
300	31.08.39- .42
301	12.09.39- .42
302	21.09.39- .42
303	03.10.39- .42

Planbedarf bestand im Januar 1942 jedoch nur für sechs von 17 Maschinen. Sie verkehrten bis 1942 auf der Strecke Hanau – Würzburg.

Länger hielt sich die Baureihe in BAMBERG, dessen Bestand zuletzt durch Aschaffenburger Lokomotiven verstärkt wurde. Seine

41 154	14.03.39- .42
155	11.03.39- .42
156	06.04.39-21.11.42
157	20.04.39-15.12.43
158	23.04.39-02.04.44
159	03.05.39- .42
160	12.05.39-14.01.44
161	10.05.39- .42
162	19.05.39- .42
163	25.05.39-08.05.44
164	08.05.42-26.05.44
166	09.10.41- .05.43
	05.06.43-10.04.44
292	31.12.42-13.03.44
293	26.02.43-08.05.44
294	30.12.42-08.05.44
295	20.10.42-03.05.44,

über deren Dienste keine zuverlässigen Angaben hinterlassen sind, dürften vornehmlich in Richtung Würzburg oder auch wegen Mangels an elektrischen Lokomotiven zwischen Nürnberg und Saalfeld eingesetzt gewesen sein.

Nur zwei Lokomotiven waren kurz vor ihrem Abzug aus dem Direktionsbezirk in NÜRNBERG HBF stationiert

41 157	12.02.44-10.05.44
160	20.01.44-11.05.44

RBD OSTEN

Am Direktionssitz, in Frankfurt/Oder, verfügten die beiden Bahnbetriebswerke Pbf und Vbf nebeneinander über die Baureihe 41. Die Lokomotiven verkehrten in Richtung Neubentschen–Posen, Stettin, Cottbus, Glogau und Schneidemühl.

Zum Bw FRANKFURT/ODER PBF kamen sogleich nach ihrer Abnahme 41 272-275, 277-281. Fragmentarisch sind folgende Einzelstationierungsdaten bekannt:

41 272	26.07.39-28.04.44
276	01.06.40-24.10.40
	14.08.43-28.04.44
278	11.08.39-30.04.44
281	28.10.39-16.11.43
	26.03.44-20.07.44
282	21.10.39-25.07.44

Als Neuzugang erhielt FRANKFURT/ODER VBF nur 41 276 (05.08.39-31.05.40 und 31.10.40-26.10.42) und 41 282 (01.10.39-20.10.39). Durch Wechsel mit Lokomotiven des Bw Pbf und Zugänge von anderen Dienststellen verblieb ein ständiger Bedarf für die 41, bis sie alle im Mai 1944 an die RBD Dresden abgegeben wurden. Hierzu zählten zuletzt 41 155, 273, 275.

Das Bahnbetriebswerk NEU-BENTSCHEN verfügte vom 24.01.43-28.07.44 über die 41 010. Ob es nur bei der Einzellokomotive geblieben ist oder ob sich noch andere ihrer Gattung eingefunden hatten, blieb ungeklärt.

Die Vorauslokomotiven 41 001/002 fanden sich 1937 nach ihrer Erprobung durch das Versuchsamt Berlin-Grunewald in SCHNEIDEMÜHL PBF ein. Neben den Stationierungsdaten der 41 002 (24.07.37-18.07.44) konnten ermittelt werden:

41 001	.03.37- .07.44
145	16.12.39-13.01.40
	15.01.44-31.05.44
303	.03.42-21.07.44

Das Bahnbetriebswerk SCHNEIDEMÜHL VBF erhielt ab Herstellerwerk 41 137-146. Von 1942 an kamen weitere Maschinen hinzu. Die Lokomotiven beider Schneidemühler Bw waren eingesetzt nach Küstrin — Berlin, Dirschau — Danzig, Bromberg — Thorn. Im Sommer 1944 wurde der Dienst mit 41 aufgelassen und die Lokomotiven nach Reichenbach/V., Sangerhausen und Kassel abgegeben. Aus Betriebsbüchern waren folgende Stationierungen zu entnehmen:

41 058	? - .04.43
059	22.08.42-27.04.43
063	08.03.42-29.04.43
137	.39- .05.44
139	01.04.39-02.05.44
141	03.05.39-02.05.44
142	26.04.39-30.04.44
144	12.05.39-08.05.44
145	15.05.39-15.12.39
	01.02.40-14.01.44
	01.06.44-24.07.44
146	19.05.39-24.07.44
156	11.09.43-19.07.44
189	21.08.42-30.07.44
190	21.08.42-04.07.44
326	22.08.42-05.02.44
328	.08.42- .02.44

Den Bestand der RBD Osten vergrößerten 41 004 und 006 (am 19.08.42) sowie 41 010 und 031 (am 23.01.43) aus dem Münchener Direktionsbezirk kommend. Die Aufteilung auf Bw der RBD Osten (Ausnahme 41 010) ist nicht verläßlich zu ermitteln. Bekannt aus diesem Bezirk ist ferner 41 069 (bis April 1943).

RBD REGENSBURG

An Neubaulokomotiven erhielt das Bahnbetriebswerk WEIDEN

41 053	06.04.39-02.02.42
054	26.04.39-08.07.42
055	.04.39- .42
056	09.05.39-22.07.42
41 057	.04.39- .42
058	.04.39- .42
059	01.04.39-19.08.42
060	.04.39- .42,

welche 1942 nach Kohlfurt und Schneidemühl abwanderten.

Bei Kriegsende verblieben zwei 41 des Bw Reichenbach/V. in HOF. Es waren

41 139	23.05.45-23.11.45 und
41 142	01.06.45-23.11.45,

die bis zu ihrer Weitergabe nach Kassel lediglich abgestellt standen.

RBD SCHWERIN

Vor 1945 verfügte die Direktion über keine einzige 41. Die Baureihe erschien erstmals gegen Kriegsende in Mecklenburg.

Zum Bahnbetriebswerk GÜSTROW gelangten Ende der 40-er Jahre

41 289	20.08.48-18.01.50
303	09.08.48-11.10.49
357	22.09.48-18.01.50

Hernach mußten 24 Jahre vergehen, ehe im Sommer 1974 nach Abzug der Baureihe aus Schwerin wieder 41 zurückkehrten, um in Güstrow teils in Reserve (41 171, 277, 283, 287, 299), teils auf „Z" (41 261, 286, 357) abgestellt zu werden.

Das Bw ROSTOCK setzte seine 41 mangels Schnellzuglokomotiven im wesentlichen vor Reisezügen Richtung Stralsund, Schwerin und Neustrelitz ein. Der Bestandsnachweis erhebt keinen Anspruch auf Vollständigkeit.

41 020	18.04.45-02.05.45
070	02.01.53-11.08.58
261	02.10.56-11.08.58
273	13.05.57-14.04.58
284	02.07.59-18.08.60
287	26.08.55-13.09.58
303	24.02.53-15.10.57
311	11.03.53-26.11.56
314	19.09.57-08.11.59
357	21.08.53-14.03.60

SCHWERIN fuhr mit seinen Lokomotiven

BR 41 bis Rostock, Wittenberge und in die Bundesrepublik bis Lübeck. Sie fanden ebenfalls vorwiegend im Reisezugdienst Verwendung. Der Ersatz durch Diesellokomotiven V 180 brachte die bereits erwähnte Umbeheimatung nach Güstrow mit sich. Beim Bw Schwerin waren eingesetzt:

41 008	19.02.66-26.07.66
	02.11.66- Z 23.04.69
062	26.05.54-15.06.54
070	25.01.58-19.08.58
171	.01.72- .07.74
261	20.12.60- .07.74
273	27.09.56-12.05.57
	01.06.58-19.06.58
277	? - .06.74
283	? - .07.74
284	13.09.60- Z .72
286	? - .07.74
287	12.02.50-26.08.55
	14.09.55- .07.74
288	21.12.48-27.02.71
289	18.01.50-05.08.59
299	? - .07.74
303	25.02.50-13.12.52
311	31.12.48-14.09.50
326	28.11.48-08.11.59
332	25.11.48-05.08.59
357	19.01.50-16.02.53
	14.04.60- .07.74

Vom Bahnbetriebswerk WAREN/MÜRITZ gilt es über die Beheimatung von

41 070	30.04.47-19.03.51
120	01.05.68-25.09.68
125	01.06.60-15.07.67
	18.07.67-28.05.70
332	23.05.66-11.07.67
	23.08.67-03.01.69

zu berichten.

In WITTENBERGE, bis 1944 bei der RBD Hamburg eine Hochburg der Baureihe 41, gehörten nach Angliederung an die RBD Schwerin nur wenige Lokomotiven:

41 008	29.06.44-16.06.47
070	28.06.52-02.01.53
	07.12.71-
144	21.12.45-03.08.47
311	28.01.51-10.03.53

RBD STETTIN

Mit Stargard und Stettin Gbf verfügten zwei Bahnbetriebswerke dieser Direktion über Lokomotiven BR 41. Sogleich nach ihrer Abnahme kamen nach STETTIN GBF 41 147-151, 283, 284, 288, 289. Ein Teil der Maschinen wie z.b. 41 288, 289 wurde bald nach Falkenberg/Elster abgegeben. Die anderen wurden nach Stargard umbeheimatet. An genauen Stationierungsdaten des Bw Stettin Gbf sind leider nur bekannt

41 288	25.11.39-22.03.40
41 289	24.11.39-23.03.40.

Ab Werk erhielt STARGARD 41 152-153, 285-287, um im hügeligen Pommern neben der P 10 ausschließlich Reisezugdienst zu verrichten. Zu den erstgenannten Maschinen gesellten sich später die Stettiner Lok 41 147-151, 283-284. Im Mai 1944 verließen als letzte 41 des Bw Stargard 41 147, 150-153, 283-284 die pommersche Heimat, um der RBD Dresden zugeteilt zu werden. Mit Ausnahme der 41 287 (11.11.39-19.07.43) blieben die einzelnen Stationierungszeiträume in Stargard unbekannt. Ihr Einsatz ging in Richtung Stettin, Stolp und Neustettin. Bekannt von der RBD Stettin ist ferner der Neuzugang der 41 159 am 26.09.43 aus der RBD München.

RBD STUTTGART

Die bei der Maschinenfabrik Eßlingen hergestellten 41 186-192 fanden zunächst in ihrem Herkunftsland Württemberg ein Unterkommen und wurden fabrikneu dem Bahnbetriebswerk STUTTGART HBF zugeführt. Unterbrochen von einem kurzen Zwischenspiel in Ulm blieben sie bis 1942/43 der schwäbischen Metropole treu.

41 186	.06.39- .05.40
	.07.40- .04.43
187	09.06.39-28.05.40
	29.06.40-23.04.43
188	.06.39- .05.40
	.07.40- .04.43
189	15.07.39-31.05.40
	30.06.40-08.09.41
190	26.07.39-31.05.40
	26.06.40-18.08.42

41 191	.08.39-	.05.40
	.07.40-	.04.43
192	.08.39-	.05.40
	.07.40-	.43

In ULM kamen 41 325-336 und für wenige Wochen auch die Stuttgarter Schwestermaschinen zum Einsatz. Nach knapp drei Jahren wurden die Lokomotiven an norddeutsche Direktionen und nach Schlesien abgegeben. Das Bw Ulm beheimatete insgesamt:

41 186	.05.40- .07.40
187	29.05.40-28.06.40
188	.05.40- .07.40
189	01.06.40-29.06.40
190	01.06.40-29.06.40
191	.05.40- .07.40
192	.05.40- .07.40
325	.10.39- .42
326	24.10.39-21.08.42
327	.10.39- .42
328	01.11.39- .08.42
329	16.11.39-01.02.42
330	.11.39- .42
331	.12.39- .42
332	22.12.30-01.02.42
333	.12.39- .42
334	11.01.40- .42
335	.01.40- .42
336	09.03.40- .42

Aus bisher unbekanntem Grund kamen

41 101	01.11.46-23.08.47
104	17.09.46-23.08.47
206	01.09.47-?
216	09.12.46-23.08.47
281	15.09.46-23.08.47

zu dem nach Kriegsende vorerst der RBD Stuttgart zugehörigen Bw KARLSRUHE HBF. Die Maschinen waren allesamt nicht einsatzfähig und verbrachten ihren Karlsruher Aufenthalt auf dem Abstellgleis.

RBD/BD WUPPERTAL

Nicht sehr großzügig wurde dieser Bezirk mit der Vergabe von nur 11 Neubaulokomotiven Baureihe 41 bedacht. Zu einem recht beachtlichen Bestand brachte es die Direktion aber 1944 durch den Zugang der Lokomotiven aus dem Essener und Mainzer Bezirk. In der Nachkriegszeit bewältigte die Baureihe 41 den im Wiederaufbau begriffenen Reisezugverkehr, der auch in den 50er-Jahren nicht auf die 41 verzichten konnte. Für die steigungs- und krümmungsreichen Strecken des Sauerlandes und im bergischen Land reichte die Höchstgeschwindigkeit der 41 völlig aus. Für sie sprach zudem ihr schnelles Anfahrvermögen. Erst 1958 konnte die BD Wuppertal auf die bewährten Lokomotiven verzichten.

Beim Bahnbetriebswerk ALTENHUDEM bestand für die neben- und nacheinander beheimateten

41 093	21.08.44-02.11.44
217	09.07.44-18.11.44
Z	28.01.45-23.10.45
	24.10.45-15.12.45
344	01.01.48-17.08.48
359	04.09.44-02.11.44 abg.

kein Planbedarf; sie bildeten — soweit betriebsfähig — eine RBD-Reserve.

Beim Bahnbetriebswerk BESTWIG wurde als einzige die 41 366 (16.04.47-28.11.48) geführt. Ihr dortiger Einsatz muß als zweifelhaft gelten.

In DÜSSELDORF verfügten das Reisezug-Bw ABSTELLBAHNHOF mit

41 014	31.01.45-31.08.45
015	31.01.45-01.09.45
093	31.01.45-05.03.45
343	24.12.48-24.01.49
344	01.02.45-31.08.45

und das Güterzug-Bw DERENDORF mit

41 083	12.11.45-14.07.48
084	07.12.50-25.06.51
087	09.11.45-24.11.46
	07.12.50-18.05.51
091	09.11.45-21.07.48
250	10.11.45-21.07.48
352	07.12.50-18.05.51

über 41, deren betriebliche Verwendung bei beiden Dienststellen als sicher angesehen werden kann.

Im Hinblick auf die Baureihe 41 war HAGEN-ECKESEY zweifelsfrei das wichtigste Bahnbetriebswerk der RBD/BD Wuppertal. Noch

1955 bespannte das Bw u.a. D 83 Siegen — Hagen — Oberhausen, E 377/378 Hagen — Mönchen-Gladbach — Hagen, E 442 Hagen — Köln und auf der letztgenannten Relation auch Expr 3009, 3010, 3048. Daneben oblag ihnen zusammen mit P 8 und später den Siegener 23 die Personenzugförderung auf der Ruhr-Sieg-Strecke. Sie wurden auch vereinzelt als Schiebelokomotiven hinter überschweren Schnellzügen Richtung Wuppertal bis Block Martfeld beobachtet. Zum Bestand des Bw Hagen-Eckesey gehörten

41 016	05.05.44-27.02.45
021	09.10.52-14.10.58
041	09.10.52-14.10.58
042	08.10.52-15.10.58
043	02.08.53-25.09.58
052	25.05.48-30.05.50
	17.06.50-23.06.50
063	13.01.55-20.05.55
083	13.05.44-23.07.44
084	13.05.44-06.12.50
086	14.05.44-31.08.45
087	25.11.46-06.12.50
	19.12.52-22.02.54
088	26.05.44-26.08.45
089	13.05.44-27.08.45
093	10.05.44-20.08.44
096	16.05.44-11.10.68
158	27.05.44- .04.46
160	27.05.44-26.08.45
166	27.06.44-29.11.48
	18.10.54-20.09.57
204	07.06.44-?
205	01.06.44- .09.44
206	10.05.44-30.06.46
207	09.06.44-16.09.44
215	12.05.44-26.08.45
216	16.05.44-
217	22.05.44-08.07.44
	19.11.44-31.12.44
Z	01.01.45-27.01.45
218	16.05.44-16.08.45
219	29.04.53-03.10.58
244	17.05.44-16.09.44
246	14.05.44-10.11.46
247	10.05.44-17.10.47
248	13.05.44-31.08.45
249	13.05.44-26.08.45
251	14.05.44-16.09.44
252	.05.44- .05.45
292	22.05.44-26.08.45
295	06.07.44-26.08.45
309	16.04.48-14.07.48
41 342	03.02.45-03.01.46
343	11.02.45-09.10.45
	29.10.46-25.10.48
347	09.02.45-31.08.45
348	01.05.45-25.02.46
352	13.05.48-06.07.49
	20.07.49-28.06.50
	14.07.50-23.08.50
	28.08.50-06.12.50
	18.03.53-09.04.53
354	07.02.45-?
355	27.08.44-01.09.44
	03.03.54-03.12.58
356	21.04.49-12.06.49
358	27.08.44-01.09.44
	07.02.45- .46
359	27.08.44-03.09.44
	16.11.44-06.01.46
364	18.07.44-09.12.47
365	18.07.44-31.08.45

Schließlich waren in zwei weiteren Hagener Betriebswerken,

HAGEN GBF
41 083   .44-11.12.45
41 352   24.08.50-27.08.50 und

HAGEN-VORHALLE
41 365   01.09.45-26.10.45

beheimatet.

In der ersten Nachkriegszeit fanden auch 41er in SCHWERTE Verwendung und zwar

41 016	26.03.45-11.04.46
094	01.12.45-18.06.46
342	04.01.46-13.05.46
354	? -11.04.46
359	07.01.46-24.11.48
361	24.11.45-21.01.49
365	27.10.45-02.01.49

Die katastrophalen Verhältnisse im Eisenbahnwesen der Endvierziger-Jahre machte den Rückgriff auf alle betriebsfähigen Lokomotiven auch bei Dienststellen erforderlich, die unter normalen Umständen ohne 41 ausgekommen wären.

SIEGEN erhielt 1944 die meisten Oberlahnsteiner 41. Welche Dienste sie im einzelnen vor der Besetzung durch alliierte Streitkräfte erbrachten, blieb dem Chronisten ein Geheim-

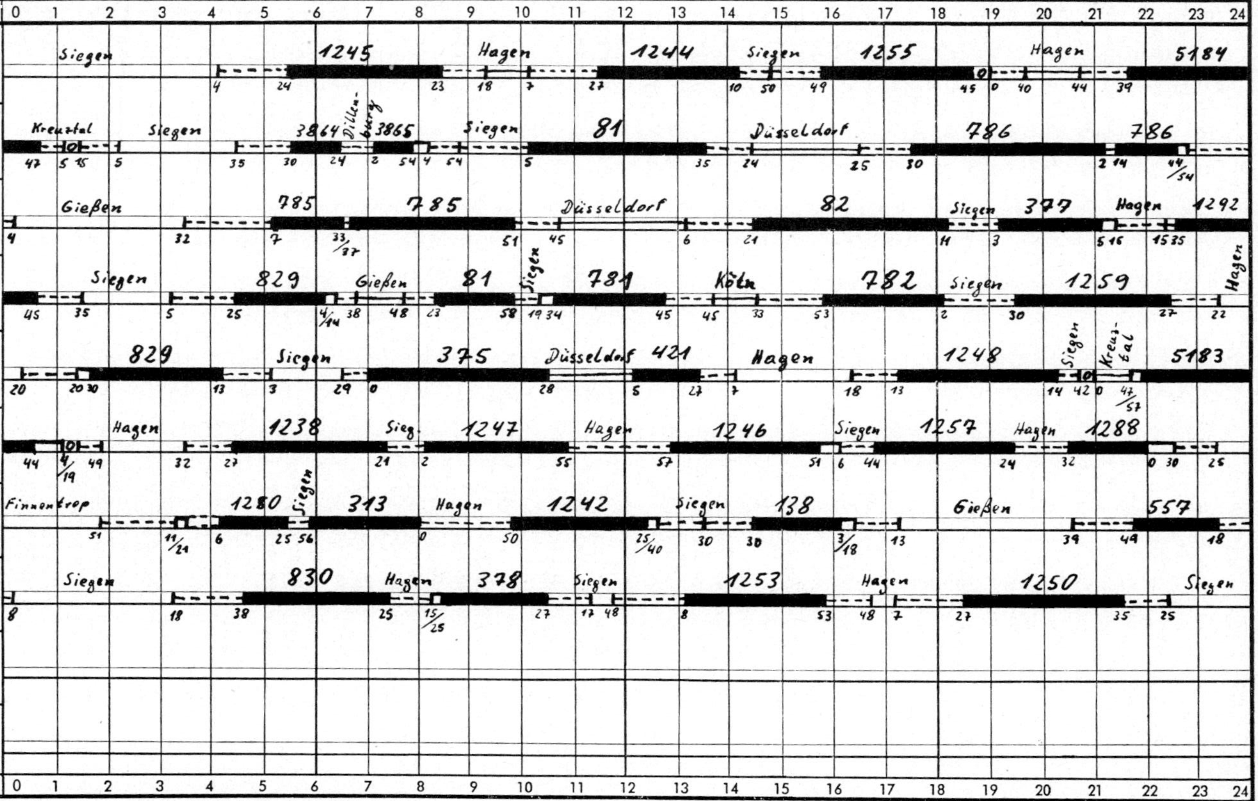

nis. Mit zunehmender Normalisierung der Verhältnisse kamen die 41 vornehmlich im Reisezugdienst (D-, E-, P-Züge) nach Gießen, Köln und Hagen mit immerhin bis 531 km Tagesleistung zu Ehren. Nach und nach wurde in Siegen die Baureihe 41 durch neugelieferte 23 verdrängt. Der Umlaufplan im Herbst 1952 kann allerdings noch neben einer 23 sieben 41 im Plandienst nachweisen.

Der Siegener Bestand umfaßte

41 020	15.07.48-16.04.50
021	13.07.46-08.10.52
040	.10.44- 12.45
041	22.07.44-08.10.52
042	24.07.44-07.10.52
043	19.07.44-01.08.53
044	20.07.44- .44
045	20.07.44- .49
052	24.06.50-17.05.51
073	27.06.46-04.12.49
086	26.07.51-02.09.51
087	08.03.52-18.12.52
093	03.11.44-20.12.44
094	22.07.46-15.07.48
096	24.01.52-04.02.52
097	12.07.50-15.04.51
166	30.11.48-17.10.54
192	.44- .46
219	07.01.50-28.04.53
244	04.05.50-25.03.53
245	10.07.49-16.08.49
	09.05.50-21.04.53
246	21.01.47-11.09.50
259	05.02.52-12.03.53
292	08.10.46-24.05.50
293	06.08.46-15.10.54
342	18.08.44-02.02.45
343	08.12.44-10.02.45
	10.10.45-12.07.46
344	21.07.44-01.02.45
347	19.07.44-08.02.45
348	20.07.44- .09.44
349	25.08.44-09.04.53
352	07.07.49-19.07.49
	29.06.50-13.07.50
	08.11.52-17.03.53
353	19.05.49-14.02.51
354	03.09.44-06.02.45
355	02.09.44-02.03.54
358	02.09.44-28.09.44
359	03.11.44-15.11.44
361	25.07.44-22.11.45
362	.44-?
41 363	21.07.44- .46
364	10.12.47-07.01.52
366	25.07.44-02.08.46

Unter den für Schwerte bereits erwähnten Umständen fanden 41 auch in WARBURG ein Unterkommen. Es handelte sich um die Lokomotiven

41 052	31.05.50-16.06.50
087	19.05.51-07.03.52
096	11.03.50-23.01.52
	05.02.52-15.02.52
097	20.04.50-11.07.50
146	23.12.49-12.04.51
259	21.01.50-04.02.52
344	10.02.49-23.01.52
348	25.03.50-03.01.52
352	15.06.51-21.10.52
356	13.06.49-10.01.50
359	12.02.49-10.01.52
361	22.03.49-02.01.52
365	18.02.49-07.05.50
366	14.02.49-02.01.52

In Warburg als britisch besetzem Gebiet der ehemaligen RBD Kassel befanden sich am 15.07.1945 ferner 41 027 und 146.

Zwischen 1944 und 1955 kamen beim Bahnbetriebswerk WUPPERTAL-LANGERFELD im Reise- und Güterzugdienst etliche 41 zum Einsatz, welche auch hier die Leistung der P 10 ablösten.

41 014	19.05.44-30.01.45
	01.09.45-12.09.45
015	11.05.44-30.01.45
	01.09.45-21.05.46
085	28.07.44-13.09.45
087	19.05.44-08.11.45
091	15.08.44-08.11.45
092	20.09.44-14.07.48
093	21.12.44-30.01.45
094	11.05.44-30.11.45
095	28.05.44-25.08.45
096	05.03.49-21.03.49
097	29.05.44-19.04.50
098	11.05.44-25.08.45
146	10.03.49-22.12.49
157	11.05.44-24.02.45
163	09.05.44-10.11.45
164	04.07.44-25.08.45
168	.44- .08.45
205	.11.44- .08.45

41	207	23.11.44-09.11.45
	219	22.05.44-06.01.50
	243	12.06.44-29.05.45
	244	23.11.44-03.05.50
	245	26.05.44-09.07.49
		17.08.49-08.05.50
	250	10.06.44-09.11.45
	251	23.11.44-25.08.45
	259	09.02.49- .01.50
	293	09.05.44-05.08.46
	294	09.05.44-25.08.45
	343	25.01.49-11.12.49
	344	01.09.45-31.12.47
	348	10.02.49-24.03.50
	356	02.02.49-20.04.49

Schließlich verdienen die 41 des Bw WUPPERTAL-VOHWINKEL der Erwähnung. Die hierhin neu angelieferten 11 Lokomotiven konnten sich nur bis zu ihrer Abgabe 1942 an das Bw Osnabrück Hbf in Wuppertal halten. Die später (1944) erschienenen Maschinen wurden alsbald nach Wuppertal-Langerfeld weitergegeben.

In den Schuppen des Bw Vohwinkel wurden beherbergt:

41	104	04.08.39-19.01.42
	105	06.08.39-09.01.42
	106	10.08.39-20.01.42
	107	12.08.39-10.01.42
	108	18.08.39-23.09.41
	109	29.07.39-21.01.42
	110	07.08.39-22.09.41
	111	17.09.39-30.09.41
	112	26.09.39-21.01.42
	113	21.09.39-20.01.42
	205	.09.41- .11.44
	244	16.09.44-22.11.44
	251	17.09.44-22.11.44
	360	21.07.40-19.01.42

AUSLAND

Außerhalb der Grenzen aller vier Besatzungszonen Deutschlands befanden sich nach der Kapitulation des Deutschen Reiches Lokomotiven der Baureihe 41 in Schlesien. Möglicherweise könnte sich ihre Anzahl auf 26 Lokomotiven belaufen haben. Hiervon sind sicherlich einige als Kriegsverluste oder als Ersatzteilspender in Abzug zu bringen. Die Baureihe 41 wurde bei der PKP als Ot 1 in den Bestand übernommen. Als höchste PKP-Betriebsnummer ist die Ot 1-15 nachgewiesen. Die Ot 1 liefen bis etwa 1968 vom Bw Hirschberg (Jelenia Gora) in Richtung Waldenburg und Oberschreiberhau (Sklarska Poreba). Hier soll verschiedenen Meldungen zufolge als letzte die Ot 1-8 durch Kesselschaden ausgeschieden sein.

Bis wenigstens 1971 standen Ot 1 im Bereich der Direktion Lublin beim Bahnbetriebswerk Zawada auf ostpolnischen Strecken im Einsatz. Heute sind alle Ot 1 der Ausmusterung und Zerlegung anheimgefallen. Während ihres Einsatzes bei der PKP hatten sie als wichtigste Bauartänderung wie alle DR-Einheitslokomotiven ihren Vorwärmer einbüßen und bei der Kesselspeisung durch einen Friedmann-Abdampfinjektor ersetzten lassen müssen.

Die 41 153 gelangte 1945 als tschechoslowakische Beute in den Bestand der CSD, wo sie im Jahre 1946 vor einem Zug zwischen Prag und Bodenbach (Decin) beobachtet werden konnte. Ihr weiterer Verbleib ist ungewiß.

Verzeichnis der Bildautoren
(Fortsetzung von Seite 7)

F. Rethemeier, Bad Salzulfen	132
H. Riedemann, Bramsche	109
H. Röth, Heidelberg	112, 124
L. Rotthowe, Telgte	103, 110, 115, 116
H. Schmidt, Boppard	31, 62, 64, 76, 125
D. Schikorr, Glücksburg	118
R. Schulz, Herford	2
C.J. Schulze, München	61
H.-G. Schumacher, Bremen	134, 136
H. Stemmler, Rottenburg	10, 66, 71
Sammlung Susicki, Warschau	173
H. Vaupel, Frankfurt	16, 96, 140, 174
K.G. Vijlschagt, Assen/NL	49, 114

BILDTEIL

I Bauart

– 41 002 im Lieferzustand bei Fa. Schwartzkopff
Foto: Werkfoto, Sammlung G. Barths, Rheydt

– Von links nach rechts 41 156, 157, 158 im Werkhof von Krauß-Maffei
Foto: Werkfoto Krauß-Maffei, Sammlung H. Hufschläger, Dachau

5—6 — 41 156 vor Bekesselung bei der Lieferfirma (oben) und vor der Abnahme (unten)
Fotos: Werkfoto Krauß-Maffei, Sammlung H. Hufschläger, Dachau

-8 — 41 293 (Bw Siegen) auf der Drehscheibe ihrer Heimatdienststelle im Sepember 1951
Fotos: Sammlung G. Moll, Hilchenbach

9 — 41 001 in ihrem Heimat-Bw Köln-Eifeltor im April 1967
Foto: J. Munzar, Georgsmarienhütte

10 — 41 015 ohne Kaminaufsatz und mit Tender 2'2 T30 in Rheine (30.8.1967)
Foto: H. Stemmler, Rottenburg

— 041 253-6 mit Tender 2'2' T 32 in Köln-Eifeltor am 13.6.1969
Foto: W. Bügel, Wuppertal

— 41 309 wurde am 8.9.1945 vor Zug 5043 durch Kesselexplosion zerstört. Drei Tote waren bei dem Kesselzerknall zu beklagen. Trotz aller Schäden wurde die Lok wieder aufgebaut — hier um 1951 beim Bw Göttingen Pbf
Foto: DB, Sammlung J. Lawrenz

13 — 41 359 (Bw Hamm) am 16.3.1961 in Osnabrück
Foto: P. Konzelmann, Heidesheim

14 — Letzter für BR 41 gebauter Ersatzkessel der Maschinenfabrik Eßlingen, Fa.-Nr. 5250
Foto: Maschinenfabrik Eßlingen

— Als zweite 41 mit Neubaukessel kam 41 254 zum Bw Hamburg-Eidelstedt; hier am 6.1.1958
Foto: DB

— 41 037 (Bw Hannover Hgbf) am 24.05.1968 in ihrem Heimat-Bw. Sie trägt bereits den Kaminaufsatz
Foto: H. Vaupel, Frankfurt

17 — 41 291 und 41 012 am 6.3.1969 in Rheine
Foto: R. van Putten, Vaassen/NL

18 — 41 295 (Bw Bremerhaven-Geestemünde) am 15.2.1962 in Osnabrück mit versuchsweise an die hintere Kaminkante angeschweißtem Windleitblech
Foto: P. Konzelmann, Heidesheim

— 41 024 (Ölfeuerung) in Osnabrück Hbf (30.1.1962)
Foto: P. Konzelmann, Heidesheim

— Eine andere Öllok, die 41 073, von der rechten Seite aufgenommen am 11.3.1965 in Osnabrück
Foto: P. Konzelmann, Heidesheim

21 — Selten befanden sich die Osnabrücker Lokomotiven in einem so guten äußerlichen Zustand wie hier die 41 224 am 28.4.1959
Foto: M. Quebe, Münster

22 — 41 051 (Bw Bremerhaven-Geestemünde) wartet als Vorspann vor der ölgefeuerten 41 024 in Osnabrück auf die bevorstehende Bespannung eines Güterzuges Richtung Bremen
Foto: P. Konzelmann, Heidesheim

—24 — Ohne Kaminaufsatz sahen die neubekesselten 41 eleganter aus; hier die Gegenüberstellung von
41 304 (Bw Osnabrück Hbf) mit 41 307 (Bw Bremerhaven-Geestemünde)
Fotos: P. Konzelmann, Heidesheim

25 — 41 1070 (Bw Neubrandenburg) mit Originalkessel am 22.7.1971 in Velgast
Foto: J. Munzar, Georgsmarienhütte

26 — 41 005 mit Nachbaukessel ohne Speisewasserreiniger in Leipzig Hbf (Sepember 1958)
Foto: G. Illner, Sammlung H. Claßen, Viersen

— 41 138 (Bw Stendal) im Oktober 1968 in ihrem Heimat-Bw. Die Lokomotive ist ebenfalls mit einem Neubaukessel ausgerüstet.
Foto: Sammlung J. Munzar, Georgsmarienhütte

— 41 126 (Bw Eisenach) am 18.7.1974 in Bebra mit Verbrennungskammer — Reko-Kessel
Foto: P. Konzelmann, Heidesheim

117

29 — 41 200 (Reko-Kessel) am 13.5.1967 in Erfurt
Foto: M. R. Delie, Antwerpen/B.

30 — 41 273 (Reko) vom Bw Eisenach mit D 1100 in Bebra, 18.7.1974
Foto: P. Konzelmann, Heidesheim

II Deutsche Bundesbahn
(geordnet nach Betriebs-Nummern)

31 — 41 001 (Bw Köln-Eifeltor) durchfährt am 18.5.1962 Niederlahnstein
Foto: H. Schmidt, Boppard

32 — 41 006 (Bw Fulda) verläßt Gemünden/Main. Links wartet 44 1587 auf Ausfahrt
Foto: C. Bellingrodt, Wuppertal

— 41 015 (Bw Rheine) mit Dg 7748 bei Hauenhorst
Foto: P. Große, Schwalbach

— Eine seltene Kombination: 41 016 (Bw Kassel) als Vorspann vor 78 452 (Bw Friedberg) in Marburg (L.)
Foto: J.A. Bock, Arolsen

35 – So ging es am 31.10.1966 im ehemaligen Bw Frankfurt/M 3 zu: 41 016 und 156 aus Limburg
warten auf neuen Einsatz
Foto: G. Gumbert, Frankfurt

36 – Und so endete die Limburger Dampflokromantik mit den abgestellten 41 016, 109, 345, 341
in Stockhausen
Foto: Peter Lösel, Rüdesheim

— Da die Strecke Hamm — Minden infolge Unfalls blockiert war, wurde D 10443 am 17.4.1974 über Osnabrück — Löhne umgeleitet. Bei Melle überwindet die Rheiner 41 018 vor E 40 074 den fahrdrahtlosen Abschnitt.
Foto: W.-D. Loos, Oer-Erkenschwick

— 41 019 (Bw Flensburg), die erst 1966 mit dem Kessel der ausgemusterten 41 322 ausgerüstet wurde, durchfährt im Februar 1968 Buchholz/Han.
Foto: J. Munzar, Georgsmarienhütte

39 — Das Bahnbetriebswerk Osnabrück Hbf im Jahre 1950. Rechts stehen 13 Lok BR 41 abgestellt. Hiervon sind zu identifizieren 41 254, 351, 167, 011, 187 (von rechts). Links steht 41 354 unter Dampf. Ansonsten sind im Bw die Baureihen 03, 38, 50 vertreten; ganz rechts sogar 05 001 oder 002.
Foto: C. Bellingrodt, Wuppertal

40 — 41 019 (Bw Flensburg) in Elmshorn am 12.7.1968
Foto: H.-J. Eggerstedt, Heidrege

41 - 41 019 mit F 192 (links) durchfährt einen Bf nahe Großenbrode, während 41 063 mit F 211 auf der eingleisigen Strecke warten muß, 19. September 1955
Foto: E. Kolleger, Zürich

— 41 020 und 94 1528 (beide Bw Bremerhaven-Geestemünde) verlassen nach Ausbesserung am 22.5.1966 das Ausbesserungswerk Lingen/Ems
Foto: P. Lösel, Rüdesheim

43 — 41 021 vor 50 4011 (der einzigen Öllok BR 50.40) befinden sich auf dem Weg von Kirchweyhe nach Osnabrück bei Ostercappeln (12.10.1965)
Foto: Ch. Klink, Langenholzen

44 — 41 029 (Bw Lübeck) am 15.11.1956 vor Güterzug nahe Hamburg-Dammtor
Foto: U. Montfort, Nürnberg

— 41 032 im schneebedeckten Münsterland nahe Rheine
Foto: P. Große, Schwalbach

— 41 042 (Bw Hagen-Eckesey) vor D 83 bei Littfeld im Februar 1958
Foto: G. Wahl, Sammlung G. Moll, Hilchenbach

47 — 41 043 verläßt mit P 1240 Altenhundem
Foto: C. Bellingrodt, Wuppertal

48 — Nochmals dieselbe Lok: Dieses Mal vor D 81 am 28.2.1957 in Wuppertal-Elberfeld
Foto: U. Montfort, Nürnberg

— 41 052 führt einen niederländischen Militärzug bei Bentlage (22.9.1973)
Foto: K.G. Vijschagt, Aussen/NL

— 41 054 (Bw Weiden) nach Unfall- oder Kriegsschäden im Ausbesserungswerk München-Freimann
Archiv: AD

51 — 41 069 neben der Mischvorwärmer- 50 3039 am 1.5.1968 im Bw Rheine
Foto: P. Hoger, Rheydt

52 — 41 084 (Bw Hamburg-Eidelstedt) wartet in Hamburg-Altona vor D 135 auf Ausfahrt nach Westerland/Sylt. Das Foto entstand im August 1954 und zeigt deutlich die Oberleitung für die alte Hamburger-S-Bahn.
Foto: R. Griesebach, Neumünster

— 41 090 (Bw Lübeck) durchfährt Hamburg-Dammtor (17.11.1956)
Foto: U. Montfort, Nürnberg

— Nochmals 41 090, diesmal als Vorspann vor 41 364 bei der BD Hamburg
Foto: DB

55 — Begegnung in Kassel-Kirchditmold: 41 091 (Bw Kassel) begegnet 44 1524 (Bw Dillenburg) am 2.6.1966
Foto: R. Gumbert, Frankfurt

56 — 41 095 (Bw Osnabrück Hbf) bei Belm am 18.7.1967
Foto: P. Konzelmann, Heidesheim

— 41 095 (Bw Bielefeld) neben 52 128 und 52 133 im Bw Minden
Foto: C. Bellingrodt, Wuppertal

— 042 097 befördert am 30.8.1974 den E 3259 nördlich Meppen
Foto: W. Bügel, Wuppertal

59–60 — Zweimal Doppeltraktion:
Oben: 41 095 und 41 254 am 23.6.1968 Lz in Bohmte
Foto: H. Krautzschick, Berlin
Unten: 41 096 und 41 206 im Juni 1968 vor Gz bei Vehrte
Foto: H. Bay, Rødovre/DK

— Bw Köln-Eifeltor am 29.3.1967: 41 101 und 50 001
Foto: C.-J. Schulze, München

— 41 105 (Bw Kirchweyhe) in Osnabrück mit preußischen Vierachser-Abteilwagen am 13.7.1957 vor Personenzug nach Diepholz
Foto: H. Schmidt, Boppard

63 — 140 658 und 41 105 (beide Bw Osnabrück Hbf) in Hörne am 30.10.1968
Foto: P. Konzelmann, Heidesheim

64 — 41 107 (Bw Kirchweyhe) bei der Durchfahrt mit Gz in Bremen Hbf am 14.8.1968
Foto: H. Schmidt, Boppard

— 41 108 läuft mit E 579 in Marburg, ihrer damaligen Heimatstätte, ein
 Foto: C. Bellingrodt, Wuppertal

— 41 112 (Bw Kassel) bei der Einfahrt mit D 197 in Bebra (20.8.1964)
 Foto: H. Stemmler, Rottenburg

67 — 41 113 (noch mit alter Nummer) in illustrer Gesellschaft mit 01 1093 und 41 083 im Bw
Rheine am 4.4.1968
Foto: R. von Putten, Vaassen/NL

68 — 41 114 mit Expreßgutzug bei Nievenheim
Foto: C. Bellingrodt, Wuppertal

— Bw Kassel am 13.5.1962; im Vordergrund die 41 116
Foto: H. Menn, Siegen

— 41 139 (Bw Fulda) vor E 4051 auf dem Viadukt bei Jossa am 10.5.1961
Foto: U. Montfort, Nürnberg

71 — 41 142 und 44 1681 (beide Bw Kassel) am 20.8.1964 vor Güterzug in Kassel-Wilhelmshöhe
   Foto: H. Stemmler, Rottenburg

72 — 41 156 bei Niedernhausen   vor N 2454 am 19.4.1967
   Foto: P. Konzelmann, Heidesheim

—74 — Oben: 41 145 in Osnabrück Hbf beim Betanken durch „Galgen"
Unten: Der Betankungsvorgang bei 41 168 aus anderer Perspektive
Fotos: P. Konzelmann, Heidesheim

75 — 41 156 (Bw Limburg) mit P 1467 bei Balduinstein im Lahntal, 23.3.1967
Foto: U. Montfort, Nürnberg

76 — 41 164 (Bw Hamm) wartet am 13.11.1954 in Mönchengladbach mit Schnellzug auf Ausfahrt
Foto: H. Schmidt, Boppard

—78 — Zweimal 41 174 des Bw Kirchweyhe:
Oben: zwischen Hamburg-Dammtor und -Sternschanze, 12.7.1956
Foto: U. Montfort, Nürnberg
Unten: bei Hasbergen auf dem Weg ins Ruhrgebiet, September 1958
Foto: P. Konzelmann, Heidesheim

143

79 — 41 174 (Bw Wedau) — nun mit Neubaukessel — in Gesellschaft der 03 268 im Bw Aachen West im März 1967
Foto: H. Claßen, Viersen

80 — 41 176 neben 38 2208, 50 200, 94 1308 und 41 282 am 1.12.1962 im Bw Hamburg-Eidelstedt
Foto: U. Montfort, Nürnberg

— 41 178 (Bw Mönchen-Gladbach) mit F 164 „Rheingold" nahe der niederländischen Grenze
bei Kaldenkirchen
Foto: C. Bellingrodt, Wuppertal

— Vor dem Limburger Dom und der Lahn dampft die 41 207 vor N 2454 vorbei (2.3.1966)
Foto: U. Montfort, Nürnberg

83 — 41 207 mit Sonderzug in Frankfurt Hbf am 25.5.1967
   Foto: H. Kempf, Frankfurt

84 — 41 207 bei der Ausfahrt aus Wetzlar
   Foto: J.A. Bock, Arolsen

— 41 210 (Bw Hamburg-Eidelstedt) am 21.7.1956 mit Westerländer Schnellzug auf dem
Hindenburgdamm
Foto: DB

— Auch in Schleswig-Holstein gab es verschneite Strecken. Das Foto zeigt die 41 213 (Bw Hamburg-
Eidelstedt) im Winter 1954/55 in Neumünster
Foto: R. Grisebach, Neumünster

87 — 41 216 (Bw Kassel) am 1.6.1963 bei Frankfurt-Berkersheim
Foto: J.A. Bock, Arolsen

88 — Parade von ölgefeuerten 41 in Osnabrück Rbf (von links nach rechts 41 218, 271, 024, 166, 018, 363 alle Bw Rheine) am 5.10.1973
Foto: M. Quebe, Münster

89 — 41 234 (Bw Braunschweig Hbf) am 20.8.1956 im Ausbesserungswerk Braunschweig
Foto: DB

90 — Am 4.11.1954 gegen 19 Uhr erlitt 01 108 (Bw Osnabrück Hbf) in Hamburg einen Unfall und landete unterhalb der Böschung auf der Straße. Unser Bild zeigt die 41 235 (Bw Hamburg-Eidelstedt) am 5.11.1954 beim Passieren der Unfallstelle. Rechts begegnet eine 01 vor Reisezug.
Foto: DB

— 41 234 in der Richthalle des AW Braunschweig, 20.8.1956
  Foto: DB

— 41 243 (Bw Osnabrück Hbf) in Belm
  Foto: C. Bellingrodt, Wuppertal

93 — 41 244 vor D 138 bei Helbecke (Ruhr-Sieg-Strecke)
Foto: C. Bellingrodt, Wuppertal

94 — 41 245 (Osnabrück Hbf) auf der Rampe zum Mittelland-Kanal bei Lohnde (September 1967)
Foto: S. Meyer, Waltringhausen

— 042 245, 012 063 und 044 678 im Bw Rheine, 10.9.1973
   Foto: F. Lüdecke, Pöcking

— Begegnung zweier fast nummerngleicher Lokomotiven am 24.8.1966 im Bw Bebra
   Foto: H. Vaupel, Frankfurt

97 — 41 252 (Bw Göttingen Pbf) mit P 2710 auf der Werrabrücke in Hannoversch Münden
Foto: C. Bellingrodt, Wuppertal

98 — 41 252 mit P 1625 begegnet 44 1364 vor D 1618 in Melsungen, 5.2.1966
Foto: U. Montfort, Nürnberg

— 41 254 (Bw Lübeck) mit Doppelstockwagengarnitur bei Niendorf am 26.6.1957
Foto: DB

) — 41 255 (Bw Kassel) in Hagen-Eckesey 1954
Foto: R.Potelicki, Bochum

155

101 — 41 255 vor 44 mit Gz bei Kirchgöns, Juli 1962
Foto: J.-A. Bock, Arolsen

102 — So war es einst alltäglich im Bw Uelzen — 41 157, 209 und 346 am 12.9.1964
Foto: H. Kowalski, Bergneustadt

103 — 41 268 vor einer Schwesterlokomotive vor Güterzug bei Westbevern, Sommer 1956
Foto: L. Rotthowe, Telgte

104 — 41 270 und 41 084 (Bw Lübeck) beim Wasserfassen in Großenbrode Kai, 24.6.1960
Foto: DB

105 — Blick vom Wasserturm auf das Bw Osnabrück Hbf: 41 271 vor Güterzug,
im Bw 41 254 und 01 1073, 28.3.1968
Foto: P. Konzelmann, Heidesheim

– 50 1745 und 41 292 warten in Viersen Rbf auf Ausfahrt Richtung Kaldenkirchen, August 1966
Foto: H. Claßen, Viersen

– 41 292 (Bw Köln-Eifeltor) läuft in Viersen ein; 50 1864 (Bw Neuß) steht abfahrbereit in Richtung Krefeld, Juni 1966
Foto: H. Claßen, Viersen

108 — 41 304 (Bw Kirchweyhe) im Februar 1967 mit Bauzug für Elektrifizierungsarbeiten in Kirchweyhe
   Foto: J. Munzar, Georgsmarienhütte

109 — 042 308 mit N 4708 aus Bramsche ausfahrend, 25.7.1973
   Foto: H. Riedemann, Bramsche

110 — 41 317 (Bw Fulda) in Frankfurt Hbf, September 1957
Foto: L. Rotthowe, Telgte

111 – 042 308 mit Erzwagenleerzug westlich Papenburg, 30.8.1974
Foto: W. Bügel, Wuppertal

112 – 41 317 (Bw Fulda) am 20.9.1959 bei Flieden
Foto: H. Röth, Heidelberg

3 — Gelegentlich gab's Unfälle. Hier sind die Folgen an 41 319 in Limburg nicht zu übersehen, 9.9.1966
Foto: G. Moll, Hilchenbach

4 — 042 320 und 043 131 (beide Bw Rheine) vor 4000 t - Erzzug Dg 5072 bei Dörpen, 18.8.1973
Foto: K.J. Vijfschagt, Assen/NL

115 — 41 322 (Osnabrück Hbf) auf der Behelfsbrücke über die Ems in Westbevern, September 1956
Foto: L. Rotthowe, Telgte

116 – Nochmals die Emsbrücke in Westbevern. Hier wird sie von 41 354 (Osnabrück Hbf) befahren, November 1956
Foto: L. Rotthowe, Telgte

117 — 41 322 mit britischem Militärzug in Osnabrück Hbf, 1956
   Foto: P. Konzelmann, Heidesheim

118 — 41 323 beim Bekohlen in ihrem Heimat-Bw Flensburg, 16.4.1968
   Foto: D. Schikorr, Glücksburg

)–120 – Zweimal der Sonderzug Kölner Eisenbahnfreunde mit 41-Doppeltraktion (41 334 und 41 293) am 28.9.1969:
Oben: bei der Ausfahrt aus Dillenburg
Foto: W. Bügel, Wuppertal
Unten: Stockhausen durchfahrend
Foto: P. Konzelmann, Heidesheim

167

121 — Am 13.5.1962 ein damals typisches Bild aus dem Bw Kassel: 41 336 neben drei Lokomotiven BR 92
Foto: H. Menn, Siegen

122 — 41 341 am 17.5.1966 vor P 2454 nahe Limburg
Foto: U. Montfort, Nürnberg

3 — 41 341 mit P 1441 vor den Wetzlarer Stahlwerken, 13.3.1966
Foto: U. Montfort, Nürnberg

4 — 41 345 (Bw Fulda) am 5.8.1961 in Hanau
Foto: H. Röth, Heidelberg

125 — 41 347 des Bw Wanne-Eickel im Lieferzustand vor Postzug in Düsseldorf Hbf, 28.12.1956
Foto: H. Schmidt, Boppard

126 — Dieselbe Lok, nun aber mit Neubaukessel und Ölfeuerung, verläßt am 8.9.1960 als Vorspann vor 50 4027 Osnabrück in Richtung Bremen
Foto: P. Konzelmann, Heidesheim

7 – 41 349 (Bw Siegen) vor D 82 veranlaßte damals keine Schafe zum Davonrennen: der Dampflokbetrieb war wie hier bei Wuppertal-Hammerstein noch alltäglich
Foto: C. Bellingrodt, Wuppertal

8 – 41 352 (Bw Köln-Eifeltor) vor Eisenbahnfreunde-Sonderzug mit DB-Doppelstockwagen im April 1968 bei Liblar
Foto: J. Munzar, Georgsmarienhütte

129 – 41 358 bei Belm, 21.5.1967
Foto: P. Konzelmann, Heidesheim

130 – Fünf Jahre später erfolgte der Einsatz der 41 358 vom Bw Rheine aus. Hier läuft sie als 012-Ersatz mit E 2010 am 20.8.1973 in Norddeich ein
Foto: P. Konzelmann, Heidesheim

— Auch das war kein einmaliger Vorgang. Der Lokführer hatte die nicht beigedrehte Drehscheibe übersehen und war in das Drehscheibenrund gefahren. Ein Hilfszug mußte das Hindernis beheben; 41 360 am 19.9.1966 im Bw Osnabrück Hbf
Foto: P. Konzelmann, Heidesheim

2 — Begegnung zweier ölgefeuerter 41 bei Löhne am 26.1.1974 (042 360 und 042 310)
Foto: F. Rethemeier, Bad Salzuflen

133 — 41 360 (Bw Braunschweig Hbf) im Mai 1954 in Voldagsen
Foto: R. Lüders, Hameln

134 — Eine 41, deren Nummer nicht bekannt ist, fährt einen Personenzug bei Meppen, September 1973
Foto: H,-G. Schumacher, Bremen

5 – 41 365 schleppt die unfallbeschädigte 41 244 (beide Bw Wanne-Eickel) durch Osnabrück Hbf, 13.9.1966
Foto: P. Konzelmann, Heidesheim

6 – Eine 042 überquert die Hebebrücke zwischen Emden Rbf und Emden Hbf (=West) im September 1973. Im inneren Hafenbecken gastiert ausnahmsweise ein Segelschiff.
Foto: H.-G. Schumacher, Bremen

137 — 042 364 (Rheine) und 044 162 (Emden) vor Erzzug bei Salzbergen am 1.11.1973
Foto: R. Behrens, Wuppertal

III Deutsche Reichsbahn / DDR
(geordnet nach Betriebs-Nummern)

138 — 41 003 (Bw Magdeburg) verläßt mit D 113 am 26.3.1970 Helmstedt
Foto: W. Bügel, Wuppertal

139 — 41 005 (Bw Magdeburg, bereits mit neuer DR-Nummer) in Stendal ausfahrend, September 1973
Foto: Sammlung J. Munzar, Georgsmarienhütte

0 — 41 053 (Bw Magdeburg) am 9.4.1969 in Gesellschaft von 50 3066 und 01 161 im Schuppen des Bahnbetriebswerks Helmstedt
Foto: H. Vaupel, Frankfurt

1 - 41 035 vor der Neukesselung in Leipzig Hbf, August 1958
Foto: Illner, Sammlung H. Maßen, Viersen

142 — Dieses Foto zeigt eine illustre Versammlung von DR-Dampfloks im Bahnhof Stralsund (September 1966) — von links nach rechts: 03 1048 vor D 18 nach Berlin, 23 1020 vor P 706 nach Neubrandenburg und 41 070 (mit Ursprungskessel) vor P 565 nach Binz.
Foto: H. Bay, Rodovre/DK

143 — In Erfurt warten auf ihren Einsatz am 19.12.1971 41 066 und 273
Foto: Sammlung P. Konzelmann, Heidesheim

—145 — Zweimal 41 065:
Oben: (Bw Neustrelitz) in Berlin-Bornholmer Brücke, 2.4.1966
Foto: H. Krautzschick, Berlin
Unten: und so rostet sie nun dahin; am 21.4.1973 in Stendal
Foto: J. Ebel, Münster

146–147 — Wiederum eine Lokomotive, doch aus zwei Perspektiven
Oben: 41 074 (Bw Stendal) vor Personenzug mit preußischen Abteilwagen Richtung Wittenberge, Juli 1968
Unten: 41 074 (Bw Magdeburg) in Magdeburg vor Schnellzug nach Köln, Mai 1970
Fotos: Sammlung J. Munzar, Georgsmarienhütte

— 41 075 (Bw Neustrelitz) als Vorspann vor BR 52 in Berlin-Bornholmer-Brücke, 28.4.1967
Foto: H. Krautzschick, Berlin

— 41 078 (Bw Saalfeld) im August 1973 mit E 805 bei Leipzig
Foto: Sammlung J. Munzar, Georgsmarienhütte

150 — 41 080 (Bw Magdeburg Hbf) vor D 113 am 1.6.1966 in Helmstedt
Foto: Ch. Klink, Langenholzen

151 — Dampflokidylle im Bahnbetriebswerk Stendal; von links 41 103, 41 004 sowie eine weitere
41 im Juli 1968
Foto: Sammlung J. Munzar, Georgsmarienhütte

— 41 118 (Bw Magdeburg) vor einer E04 in Magdeburg Hbf
Foto: Sammlung S. Carstens, Hamburg

— 41 119 (Bw Stendal) am 5.10.1973 mit Güterzug aus Wittenberge bei Stendal
Foto: A. Knipping, Gröbenzell

154 — 41 127 verläßt mit aus Bi-Wagen gebildetem Personenzug Stendal; links 41 159, Juni 1969
Foto: Sammlung J. Munzar, Georgsmarienhütte

155 — 41 143 (Nachbaukessel) einträchtig neben 41 144 (Reko-Kessel) am 4.5.1974 im Bw Meiningen
Foto: H. Krautzschick, Berlin

— 41 144 (Bw Meiningen) mit Personenzug nach Erfurt bei Neudietendorf
Foto: Sammlung J. Munzar, Georgsmarienhütte

— 41 159 (Bw Stendal) am 4.4.1973 mit Personenzug aus Bi-Wagen in Stendal ausfahrend
Foto: J. Munzar, Georgsmarienhütte

158 — 41 161 (Bw Magdeburg) mit Eilzug Leipzig—Wernigerode in Halle, August 1968
Foto: Sammlung J. Munzar, Georgsmarienhütte

159 — 41 171 (Bw Wittenberge) in Glöwen; rechts die Rollbockwagen der stillgelegten
Schmalspurbahn (Sepember 1971)
Foto: Sammlung J. Munzar, Georgsmarienhütte

160-161 — Zweimal 41 184 im Bahnbetriebswerk Leipzig Hbf West, Juli 1955
Oben: auf der Drehscheibe, deutlich ist die Behelfsrauchkammertür zu erkennen
Unten: vor dem Rundschuppen in erlauchter Gesellschaft der 39 261/ex PKP Pt1-7
ex 39 174 (?), später 22 015 und 38 3245.
Fotos: Illner, Sammlung H. Claßen, Viersen

189

162 – 41 189 (Bw Saalfeld) im Mai 1971 bei Leipzig
Foto: Sammlung J. Munzar, Georgsmarienhütte

163 – 41 200 (Bw Saalfeld) im Mai 1972 im Saaletal bei Göschwitz
Foto: J. Munzar, Georgsmarienhütte

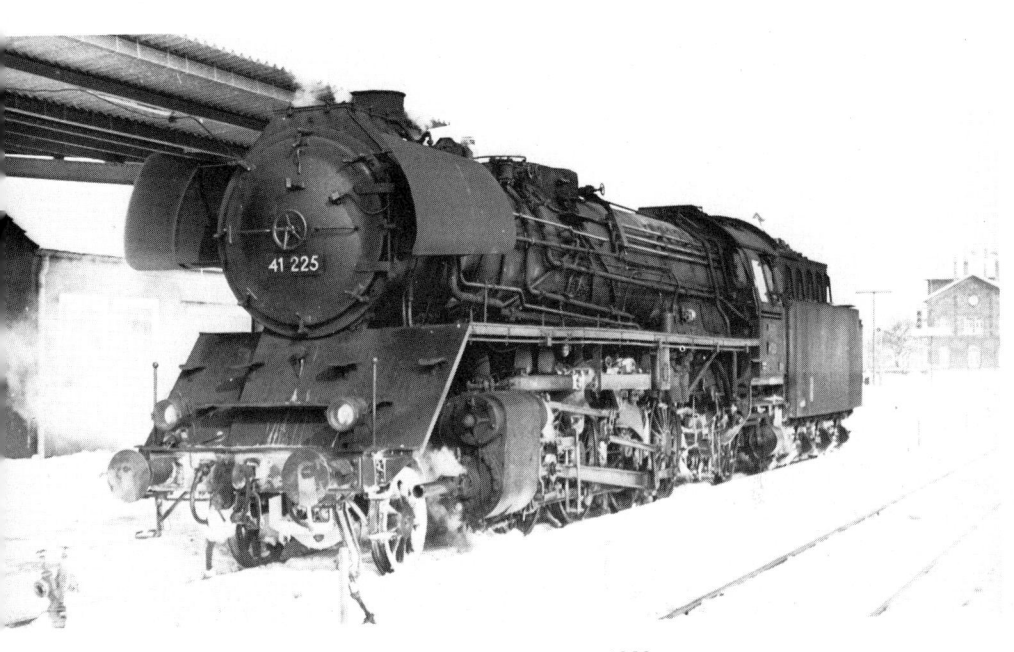

54 — 41 225 (Bw Magdeburg) im verschneiten Helmstedt, Februar 1969
Foto: H.-J. Goldhorn, Berlin

55 — 41 227 (Bw Halberstadt) neben 01 504 (Bw Wittenberge) in Magdeburg Hbf, 28.4.1972
Foto: Stefan Carstens, Norderstedt

166 — 41 232 (Bw Saalfeld) im September 1971 mit Eilzug Richtung Saalfeld in Leipzig-Lentzsch
Foto: Sammlung J. Munzar, Georgsmarienhütte

167 — 41 263 (Bw Saalfeld) strebt mit P-Zug ihrer Heimatdienststelle entgegen, April 1973
in Leipzig-Möckern
Foto: Sammlung J. Munzar, Georgsmarienhütte

8 — 41 263 — dahinter eine DR-V 200 — in Saalfeld
Foto: M.R. Delie, Antwerpen

9 — 41 266 neben 95 045 in Saalfeld, 30.12.1974
Foto: W. Bügel, Wuppertal

170 — 41 311 (Bw Neubrandenburg) und 01 084 am 6.7.1973 in Berlin-Ostbahnhof
Foto: W. Bügel, Wuppertal

171 — 41 314 (Bw Neubrandenburg) mit Ganzzug im August 1973 bei Burg-Stargard
Foto: J. Munzar, Georgsmarienhütte

IV Ausland

172 — PKP–Ot1–10 der Direktion Wroclaw (Breslau) — noch mit Knorr Vorwärmer
Foto: PKP-Pressebild, Sammlung Griebl

173 — PKP–Ot1-13 am 9.7.1971 in Zawada (Direktion Lublin)
Foto: Sammlung Susicki, Warschau